AF452489

COMTE DE GOBINEAU

MADEMOISELLE IRNOIS

NOUVELLE INÉDITE
PRÉCÉDÉE D'UN AVANT-PROPOS
PAR
TANCRÈDE DE VISAN

PARIS
ÉDITIONS DE LA
NOUVELLE REVUE FRANÇAISE
35 ET 37, RUE MADAME, 1920

MADEMOISELLE IRNOIS

COMTE DE GOBINEAU

MADEMOISELLE IRNOIS

NOUVELLE INÉDITE
PRÉCÉDÉE D'UN AVANT-PROPOS
PAR
TANCRÈDE DE VISAN

PARIS
ÉDITIONS DE LA
NOUVELLE REVUE FRANÇAISE
35 ET 37, RUE MADAME, 1920

IL A ÉTÉ TIRÉ DE CET OUVRAGE APRÈS IMPO-
SITIONS SPÉCIALES CENT TRENTE-TROIS EXEM-
PLAIRES IN-QUARTO TELLIÈRE SUR PAPIER
VERGÉ LAFUMA DE VOIRON AU FILIGRANE DE
LA NOUVELLE REVUE FRANÇAISE, DONT HUIT
EXEMPLAIRES HORS COMMERCE MARQUÉS DE
A A H, CENT EXEMPLAIRES RÉSERVÉS AUX
BIBLIOPHILES DE LA NOUVELLE REVUE FRAN-
ÇAISE NUMÉROTÉS DE I A C, VINGT-CINQ
EXEMPLAIRES NUMÉROTÉS DE CI A CXXV, ET
NEUF CENT QUATRE VINGT DIX EXEMPLAIRES
SUR PAPIER VÉLIN LAFUMA DE VOIRON DONT
DIX EXEMPLAIRES HORS COMMERCE MARQUÉS
DE A A J, HUIT CENTS EXEMPLAIRES RÉSER-
VÉS AUX AMIS DE L'ÉDITION ORIGINALE
NUMÉROTÉS DE 1 A 800, TRENTE EXEMPLAIRES
D'AUTEUR HORS COMMERCE NUMÉROTÉS DE
801 A 830, ET CENT CINQUANTE EXEM-
PLAIRES NUMÉROTÉS DE 831 A 980, CE
TIRAGE CONSTITUANT PROPREMENT ET
AUTHENTIQUEMENT L'ÉDITION ORIGINALE

EXEMPLAIRE Nº XCVII

M. AZARIA

AVANT-PROPOS

AVANT-PROPOS

Cette nouvelle du Comte de Gobineau que nous publions aujourd'hui, parut en feuilleton dans le *National*, durant les mois de janvier et de février 1847. Mais qui feuillette encore le *National ?* Il eût été vraiment dommage de ne pas tirer de l'oubli cette œuvre alerte et vivante qui appartient à l'époque la plus laborieuse de l'existence de notre auteur.

On peut en effet, sans trop d'arbitraire, diviser la vie intellectuelle de Gobineau, en trois périodes : la première et la dernière plus spécialement littéraires ; la seconde presque exclusivement consacrée aux travaux d'ethnologie et d'anthropologie. Une tragédie, des vers, de nombreux romans illustrent les deux périodes qui vont de 1844 à 1853 et de 1876 à 1877. Entre 1853 et 1876 s'insèrent l'*Essai sur l'inégalité des races humaines*, la *Lecture des textes cunéiformes*, le *Traité des écritures cunéiformes*, les *Religions et les Philosophies dans l'Asie centrale*, *Trois ans en Asie*, l'*Histoire des Perses*, — bref tous ou presque tous les ouvrages scientifiques de Gobineau.

Ces dates ont leur enseignement et, mieux que de longs commentaires, dévoilent tout un pan de la psychologie de l'auteur de l'*Essai*. Voici un jeune homme frémissant d'enthousiasme, d'une prodigieuse activité littéraire, dont la belle fièvre ne s'apaise et ne se satisfait que dans la création intellectuelle. Et c'est l'*Alexandre*, le *Prisonnier chanceux*, *Ternove*, la *Chronique rimée de Jean Chouan*, les *Adieux de Don Juan*, les *Aventures de Nicolas Belavoir*, celles de *Jean de la Tour Miracle*, l'*Abbaye de Typhaine*, — autant d'œuvres où une observation singulièrement perspicace se mêle à une fantaisie

toute de verve et de premier jet. Ce sont là plus que des
gammes et des exercices de style. A parcourir ces ouvrages de
jeunesse nous avons conscience de pénétrer une des personna-
lités les plus originales du XIXe siècle, et de peser au moins
deux chefs-d'œuvre.

Et voilà l'admirable : Gobineau ne s'est pas cherché. Dès ses
débuts, il se trouve et se réalise selon sa loi. Son mode d'expression seul se transforme avec l'âge ; car dans *Ternove* et dans
l'*Abbaye de Typhaine*, par exemple, nous découvrons en substance
les idées de l'*Essai* et tout le système ethnologique de notre
sociologue. Le fond persiste si la forme change. Au plan littéraire se superpose le plan scientifique, et pour un temps, l'artiste
cède la parole au savant. A partir de 1876, Gobineau revient à
sa forme préférée, celle du conte et du roman. Dans les
Nouvelles Asiatiques, les *Souvenirs de voyage*, les *Pléïades*, la
Renaissance et *Amadis* il condense sa longue expérience d'observateur en perpétuel éveil et de psychologue désabusé.

Ainsi donc, à suivre de près notre auteur, à l'écouter vivre
et à le comparer avec lui-même, on s'aperçoit que le savant
a fait la plus grande place à la forme imaginative et a toujours
préféré, pour se réaliser, la nouvelle et le roman à l'œuvre
didactique. Ce très lucide orientaliste débute par un roman et
finit par des nouvelles. L'art est sa religion première et dernière,
et s'il consent à chercher son inspiration au bord des rivages
d'Asie, auprès des vieilles civilisations, Gobineau n'a jamais
pensé que la pédanterie pouvait tenir lieu de style, ni qu'il
faille préférer, dans l'intérêt même de la science, une dissertation
indigeste à un récit en action. Il y a souvent plus de philosophie
dans un conte que dans un traité théorique.

C'est de quoi on commence à se convaincre, grâce à nos
efforts persévérants. Beaucoup découvrent un écrivain délicat

un conteur exquis, un psychologue raffiné où ils s'attendaient
à ne trouver qu'un professeur, voire un savant doublé d'un
diplomate. On se rend compte que Gobineau est plus près
d'un Stendhal et surtout d'un Mérimée que d'un Fustel de
Coulanges ou d'un Tocqueville. Le spectre d'un Gobineau
penché, entre deux rapports d'ambassadeur, sur de gros livres
d'érudition, consumant sa vie à déchiffrer des hiéroglyphes
comme un enfant des rébus, balayant la poussière des biblio-
thèques pour la secouer ensuite autour de lui, — commence
à rentrer dans l'ombre, comme d'ailleurs la légende d'un
Gobineau amateur et dilettante, ami des paradoxes et s'amusant
à mystifier ses contemporains. La vérité est plus souriante à la
fois et plus belle. Qu'on cède enfin la place à la vraie physionomie morale d'un artiste extrêment avide de science, mais sans
raideur, d'un lettré doué d'une magnifique culture, grand
voyageur, causeur aimable, pessimiste parce qu'observateur et
quand même idéaliste parce qu'ami de la Beauté. Durant sa
longue carrière de diplomate — de diplomate par accident —
Gobineau s'est reposé de travaux officiels, de rapports ministé-
riels, de mémoires fastidieux, en composant des œuvres pleines
de vie, d'humour et de psychologie. Comme tout homme
de génie il eut — qu'on me passe l'expression — deux ou
trois *bateaux*. Ceux-ci même ne sont dénués ni de style ni
d'élégance et, s'ils prennent l'eau, aujourd'hui, par quelques
fissures, encore voyons-nous combien peu il faudrait pour les
rendre imperméables, et comme ils gardent fière allure !

Du moins, dans *Mademoiselle Irnois*, il serait difficile, je crois,
de trouver le mauvais Gobineau, j'entends le systématique et
l'homme à thèse. Voici une œuvre exclusivement littéraire.
Cette nouvelle appartient à la première période de la vie de
Gobineau, celle où, désireux de gagner son pain et la gloire

avec sa plume, le futur auteur des *Pléiades*, sans chercher plus
loin, collabore aux journaux, inonde les périodiques de ses
productions, contes, nouvelles, romans en prose ou en vers, et
ne se fie qu'à sa fantaisie, guidée déjà par un sûr instinct
d'observateur. Elle met en lumière les deux qualités maîtresses
de notre écrivain : le don de psychologie et cette froide et
terrible ironie dont il ne se départira jamais, étant juste le
contraire d'un moraliste. De ce fait, Gobineau réussit moins
dans la peinture de la grâce que dans celle des passions violentes.
Il décrit mieux les grimaces que les sourires, les âmes noires que
les cœurs candides. La tendre Emmelina, si déshéritée par la
nature et d'une si touchante virginité, n'excite pas notre auteur
au même degré que le tempérament brutal de M. Irnois
" mal bâti, grand, maigre, sec, jaune, pourvu d'une énorme
bouche mal meublée et dont la mâchoire massive aurait été une
arme terrible dans une main comme celle de l'Hercule hébreu ",
ou que la physionomie de coquin du Comte Cabarot, perdu de
mœurs et qui " pour six cent mille livres de rentes, et même
pour beaucoup moins, aurait sans hésiter donné sa main à
Carabosse avec tous les travers de taille et les monstruosités
d'humeur de cette fée célèbre ", car le Comte Cabarot, ajoute
Gobineau, " était un homme positif. "

L'auteur de *Mademoiselle Irnois* est tout entier dans sa manière
de camper ses types, de nous donner en quelques mots aigus la
substance d'un caractère. La façon dont Irnois, " suffisamment
inepte ", fait fortune au coin d'un bois, est de la meilleure
ironie. Je sais peu de scènes plus piquantes que celle où ce futur
milliardaire, alors chemineau, est recueilli par une femme
philosophe, un soir que cette parente de Mme Du Deffant reçoit
à sa table Diderot, Rousseau et Grimm. " Le récit du vagabond
déguenillé servit de texte heureux à différentes considérations

trop justes, hélas ! sur l'ordre social. M. Rousseau de Genève embrassa publiquement Irnois en l'appelant son frère ; M. Diderot l'appela aussi son frère, mais il ne l'embrassa pas ; quant à M. Grimm qui était baron, il se contenta de lui faire de la main un geste sympathique en l'assurant qu'il voyait en lui l'*homme*, ce chef-d'œuvre de la nature. "

La nouvelle, enfin, est pleine de ces phrases chères à Gobineau : " On l'accusait d'avarice et l'on était injuste ; s'il ne dépensait pas c'est que cela ne l'amusait point. " L'empereur invite Irnois à le venir voir. C'est sans doute pour le récompenser, croit-on absolument dans l'entourage du financier. Mais le récompenser de quoi ? " De son immense fortune, répondit aussitôt Mlle Catherine Maigrelut. "

Comme la plupart des nouvelles de Gobineau, celle-ci finit mal, j'entends que la vertu n'est point récompensée ni le vice puni. Cela contristera les âmes sensibles et enlèvera à *Mademoiselle Irnois* la popularité qui s'attache aux romans feuilletons, pour ne lui laisser que sa parure de vérité.

TANCRÈDE DE VISAN.

MADEMOISELLE IRNOIS

CHAPITRE I

Monsieur Pierre-André Irnois fut un des marchands d'argent qui, sous la République, firent le mieux leurs affaires. Sans arriver aux splendeurs quasi fabuleuses des Ouvrard, M. Irnois devint très opulent, et, ce qui le distingua surtout de ses confrères, c'est qu'il eut le talent de conserver son bien. Enfin, il n'imita pas Annibal : il sut vaincre d'abord, puis conserver sa victoire ; sa race, si elle eût duré, eût pu le comparer à Auguste.

Dans sa sphère, son élévation avait été plus étonnante encore que celle de l'adopté de César. M. Irnois était parti de rien. Ce n'est pas là ce qui m'émerveille ; mais il n'avait pas l'ombre de talent ; il n'avait pas l'ombre non plus d'astuce ; il n'était que médiocrement coquin.

Quant à se faufiler auprès des grands ou des petits, à capter d'utiles bienveillances, il n'y avait jamais songé, étant bien trop brutal, ce qui remplaçait chez lui la dignité. Mal bâti, grand, maigre, sec, jaune, pourvu d'une énorme bouche mal meublée, et dont la mâchoire massive aurait été une arme terrible dans une main comme celle de l'Hercule hébreu, il n'avait dans sa personne rien qui par la séduction, fût de nature à faire oublier les défectuosités de son caractère et celles de son intelligence.

Ainsi, matériellement et moralement, M. Pierre-André Irnois ne possédait aucun moyen de faire comprendre comment il avait pu réaliser une énorme fortune et se placer au rang des puissants et des heureux. Et pourtant, il était arrivé à avoir six hôtels à Paris, des terres baties dans l'Anjou, le Poitou, le Languedoc, la Flandre, le Dauphiné et la Bourgogne, deux fabriques en Alsace et des coupons de toutes les rentes publiques, le tout couronné par un immense crédit. L'origine de tant de biens n'était explicable que par les étranges caprices de la destinée.

M. Irnois, ai-je dit, avait eu son berceau fort bas ; tout le monde du moins le croyait, et lui comme tout le monde. Mais, par le fait, on n'en savait rien ; il ne s'était jamais connu ni père ni mère et avait commencé sa carrière sous la livrée de marmiton, dans les cuisines d'un bon bourgeois de Paris. De là, chassé pour avoir laissé brûler une rôtie confiée à ses soins un jour de gala, il avait erré quelque temps, soumis aux tristes fluctuations du vagabondage. Le pauvre diable s'était ensuite raccroché à un emploi de laquais chez un procureur, et bientôt congédié comme trop insolent et un peu voleur, il avait manqué mourir de faim, une nuit fatale que le guet le ramassa, expirant d'inanition sous un des piliers des Halles, où il s'était traîné après avoir en vain cherché, dans les bourbiers d'alentour, quelque honteux comestible.

On voulut l'envoyer aux Iles. Il s'échappa, se cacha dans le jardin d'une dame philosophe et philanthrope, et, découvert, raconta son histoire. Par bonheur, cette dame avait ce jour-là autour d'elle plusieurs personnes invitées à dîner, et parmi ces convives, M. Diderot, M. Rousseau de Genève et M. Grimm.

Le récit du vagabond déguenillé servit de texte heureux

à différentes considérations trop justes, hélas ! sur l'ordre social. M. Rousseau de Genève embrassa publiquement Irnois en l'appelant son frère ; M. Diderot l'appela aussi son frère, mais il ne l'embrassa pas ; quant à M. Grimm qui était baron, il se contenta de lui faire de la main un geste sympathique en l'assurant qu'il voyait en lui *l'homme*, le chef-d'œuvre de la Nature.

L'expression de cette grande vérité, reconnue par toute la compagnie, ne suffisait pas au pauvre diable. Par le plus étonnant des hasards, en le renvoyant, on pensa à lui faire donner une soupe et un lit. Le lendemain matin, la maîtresse de maison l'avait déjà oublié et, certainement, aurait donné ordre de le mettre dehors si on lui eût rappelé le chef-d'œuvre de la création, l'homme que la veille elle avait si philosophiquement accueilli. Mais une vieille intendante lui trouva les épaules suffisamment plates pour y mettre des charges de bois, et les bras assez longs pour scier des bûches. Il gagna ainsi sa vie jusqu'au jour où il redevint laquais. C'était une fortune ; c'était de là qu'enfin l'aigle devait prendre son vol.

En peu de temps, Irnois passa du service de la dame philosophe à celui d'un comte dévot, puis d'une marquise intrigante, puis d'un turcaret ; le turcaret, le voyant suffisamment inepte, le jugea digne de recevoir les droits à la porte d'une petite ville. Voilà Irnois commis ; c'était une belle position pour le malheureux. Il ne sut pas la garder, il tint mal ses comptes, il fut chassé. Alors il voulut revenir à Paris, et dans le trajet il lui arriva une aventure qui semblera peu probable, mais qui n'en est pas moins véritable. Qu'on se souvienne en la lisant qu'Irnois était destiné à devenir le favori de la fortune.

Comme il avait gagné quelque petit argent dans sa gestion, il avait acheté un pauvre cheval gris dont il comptait se défaire à l'arrivée.

Un matin qu'il était parti de fort bonne heure de sa couchée, il arriva au rond-point d'un grand bois vers le moment où l'aube commençait à poindre. C'était au mois d'Octobre ; le temps était brumeux, le jour fort terne, et, enveloppé dans sa cape, son chapeau sur les yeux, Irnois était loin d'avoir chaud. Par conséquent, son âme, peu virile d'ordinaire n'avait pas grande fermeté.

Que devint donc l'ex-commis, parvenu au débouché du rond-point, lorsqu'il vit à l'entrée de l'avenue qui lui faisait face, et par laquelle il devait absolument passer, un groupe d'hommes à cheval !

Irnois n'hésita pas en sa pensée, il les reconnut pour voleurs, et qui plus est, voleurs de grand chemin. Il songea à fuir ; mais s'il tournait les talons, ces misérables allaient sans doute mettre d'horribles mousquets en état et le cribler de balles ! Il frissonna d'horreur et resta planté sur sa selle, son cheval retenu fermement.

Les cavaliers placés de l'autre côté du rond-point, le voyant ainsi immobile, attendirent quelque temps, en l'observant, mais comme il ne bougeait pas, (il n'aurait pas remué pour un empire) ils prirent leur parti après un collo-que animé, et un d'entre eux s'avança vers Irnois. Celui-ci se crut à sa dernière heure et allait tirer sa bourse pour la donner, lorsque le cavalier mettant son chapeau à la main lui dit avec une extrême politesse : — " Monsieur, ce bois n'est pas ce que vous croyez ; on vous aura fait quelque faux rapport, veuillez en être convaincu ; mais dans notre désir de vous être agréable, nous vous offrirons cinq mille livres, c'est en conscience tout ce que nous pouvons faire. "

Irnois, à cet étrange discours, pensa que les brigands voulaient ajouter la raillerie à la férocité et se proposaient de l'égorger en riant. Sa peur redoubla, et s'il ne se fût cramponné des deux mains à l'arçon de sa selle, il serait certainement tombé de cheval. Le cavalier, le voyant muet, ne commit aucune violence, salua au contraire, et retourna vers ses compagnons.

Irnois, dont les dents claquaient, s'aperçut bientôt que deux hommes se détachaient de nouveau du groupe et se dirigeaient vers lui. Ils l'abordèrent non moins poliment qu'avait fait le premier, et l'un d'eux prit la parole :

— " Allons, Monsieur, dit-il, vous avez décidément l'esprit prévenu ; ne parlons plus de cinq mille livres ; mettons en dix et concluons. "

— " Oh ! les scélérats ! se disait Irnois au comble de l'épouvante ; les scélérats ! "

Pourtant, cette fois encore, il ne lui arriva aucun mal. Les cavaliers, après avoir attendu inutilement sa réponse, s'éloignèrent, et la conférence recommença entre eux et leurs compagnons. Enfin toute la bande se dirigea vers Irnois qui, pour le coup, se tint assuré d'être arrivé à sa dernière heure. Mais qu'elle fut sa stupéfaction, quand le cavalier qui lui avait parlé d'abord lui dit :

— " Monsieur, vous êtes au moment d'avoir une mauvaise affaire ! "

— " Ah ! Monsieur, répondit Irnois d'un air lamentable, que je vous aurais de reconnaissance, si vous vouliez bien m'en tenir quitte ! "

Le cavalier se mit à rire.

— " Je vois, Monsieur, que vous êtes plaisant, et savez la valeur des choses. Mes associés et moi, nous voulons agir rondement avec vous. Voici, ajouta-t-il, en tirant un portefeuille de sa poche, vingt mille livres ; ne nous en demandez pas plus. Cette coupe de bois est une bonne spéculation sans doute ; mais elle deviendrait détestable si votre désistement nous coûtait davantage. "

Irnois, malgré l'épaisseur de sa judiciaire, comprit alors que ces affreux scélérats étaient des marchands de bois qui voyaient en lui un adjudicataire rival. En effet, on leur en avait annoncé un. Il s'empressa de prendre les vingt mille livres, plus sa part d'un excellent déjeûner, et il renonça de grand cœur à tout ce qu'on voulut.

Ces vingt mille livres se comportèrent vaillamment dans ses mains. Le gouffre de l'agiotage ne lui engloutit pas le plus mince écu ; il eût beau aller de l'avant avec l'imperturbable témérité de la sottise, tout lui réussit ; et si bel et si bien, qu'il fît douter plusieurs fois certains vétérans de la ferme générale s'il n'était pas un génie financier de premier ordre. Heureusement pour lui qu'avec ses succès il n'était encore que petit compagnon lorsque la Révolution arriva. Son humble tête n'appela pas la foudre dont il eût peut-être mérité les éclats ; il se

cacha et avec lui ses pistoles, et il ne sortit de son trou
pour friponner la République, que lorsque le fort de la
tourmente fut passé. Il réussit assez dans le tripotage des
assignats. Pourtant ses triomphes dans ce genre ne furent
rien, comparés à ses exploits dans les fournitures de
souliers. Il avait eu le bon esprit, par couardise, de se
mettre à l'abri derrière quelques esprits avantureux, auxquels il se contentait de prêter de l'argent et qui, eux,
agissaient en leur propre et privé nom auprès du gouvernement. Il vit arriver des monts d'or dans ses caisses ; et,
au comble de l'enivrement, Bonaparte était déjà consul à
vie, qu'il se considérait encore comme le plus grand
homme du siècle.

Un beau jour il prit femme. La compagne qu'il choisit
pour perpétuer sa race était la fille d'un spéculateur
comme lui, Melle Maigrelut ; et ce ne fut pas la moindre
faveur de son étoile que de la lui avoir donnée simple,
sotte et ennemie du faste et des plaisirs, comme lui-même
était. Avec elle il épousa, en quelque sorte, M^elles Catherine et Julie Maigrelut, les sœurs, que la ruine et la mort
de leur père firent tomber bientôt dans son ménage. Il ne
s'en plaignit pas. Il avait, comme il se plaisait à le dire,
de quoi tremper la soupe pour tout le monde ; et, aimant
peu les assemblées, les visites, les plaisirs mondains, et
sentant que la capacité de l'esprit de M^elles Maigrelut et de
Madame Irnois se haussait précisément à la hauteur du
sien, il trouvait du charme dans leur société, ce qui
le dispensait de sortir de chez lui.

Tel était M. Irnois, telles étaient les compagnes de sa solitude.

Quant à la vie qu'il menait, il faut en parler ici. M. Irnois, avec tous ses hôtels, ses grands biens, ses immenses revenus, n'avait jamais pu se faire au luxe, et se trouvait gêné dans les grands appartements. On l'accusait d'avarice, et l'on était injuste ; s'il ne dépensait pas, c'est que cela ne l'amusait point. Il habitait au second étage d'une maison sise dans le quartier des Lombards. On sait ce que sont les demeures humaines dans ce coin de Paris. Toutes les chambres étaient uniformément carrelées de rouge, hors le salon parqueté ; toutes les chambres étaient uniformément sombres, hors les chambres à coucher plus sombres que tout le reste, parce qu'elles donnaient sur la cour.

Les meubles étaient d'acajou dans les grands appartements, de noyer dans les petits ; le velours d'Utrecht jaune régnait partout en maître, et quelques pendules dorées, représentant Flore et Zéphyre ou l'Amour attrapant un papillon, sous verre, étaient les dernières limites de la magnificence Irnois. D'objets d'art, il n'y en avait pas d'autres que le portrait à l'huile du maître du logis, épouvantable création de quelque barbouilleur d'enseignes. Le domestique se composait d'une cuisinière, d'une grosse femme de confiance et d'un petit garçon mal vêtu et jamais peigné qui cumulait des emplois d'importance très diverse, tantôt fendeur de bois, tantôt commissionnaire, tantôt secrétaire intime, tantôt laquais. Voilà l'organisation de ce ménage où M. Irnois ne trouvait rien à changer, où il trônait en despote, parlant fort, grondant fort, ou rechignant du matin au soir.

Mais ainsi que dans ces vallées étroites, stériles, affreuses, que la nuit couvre d'ombres épaisses, et où le voyageur marche d'un pas chancelant et effrayé, il finit toujours par apparaître quelque clarté lointaine qui vous rend la joie, ainsi, dans l'antre de M. Irnois, il y avait une clarté ; clarté faible et douteuse, il est vrai, mais charmante cependant pour les yeux qu'elle éclairait et qui n'avaient pas besoin d'un grand jour.

Dans cet appartement obscur et maussade, peuplé de gens désagréables, il y avait comme dans toutes les choses humaines un bonheur, où allait s'échauffer le peu de poésie de ces grossières cervelles, un bonheur où se confondaient toutes les affections.

Quel lien commun auraient eu les cœurs de M^{elles} Maigrelut, de M. et de Mme Irnois sans ce point lumineux de leur vie ? Le cent de piquet sans doute, c'est bien quelque chose, le reversis encore, mais avec la meilleure volonté du monde ce n'est pas tout ; et ce que le cent de piquet et le reversis ne suffisaient pas à donner de chaleur, de vie et de douceur à ce cercle bourgeois, c'était Emmelina qui le donnait.

Emmelina ! Quand on avait dit Emmelina dans la maison, on avait tout dit : maîtres et valets pensaient tout le jour à procurer à Emmelina la plus grande satisfaction possible. Sans Emmelina il n'y avait rien, avec elle il y avait tout. Père, mère, tantes, servantes et secrétaire intime riaient, pâlissaient et pleuraient tour à tour, suivant l'accent avec lequel le nom : Emmelina, était prononcé le matin par la grosse Jeanne, la femme de confiance, à son sortir de la chambre sacrée.

La passion de tous ces honnêtes gens pour l'être chéri n'était pas identique, de même valeur et de même poids.

M. Irnois faisait peu de bruit de son affection, n'en parlait jamais que je sache, mais la ressentait plus vivement, plus sérieusement que personne. La seule manière dont il manifestât son amour pour sa fille était de ne pas la rudoyer comme il faisait des autres. Il aimait Emmelina sans trop le savoir ; et comment l'aurait-il su, lui qui, de sa vie, n'avait réfléchi ni aux choses, ni aux hommes, ni à lui-même ? Sa fille ne pouvait l'empêcher d'être maussade, mais elle pouvait le rendre vingt fois plus désagréable qu'il n'était d'ordinaire, et cela, par le seul fait que le matin, il n'aurait pas été réveillé par un rapport satisfaisant sur l'état de santé d'Emmelina : Bref il l'aimait passionnément.

Madame Irnois, de tempérament calme, que dis-je ! glacial, et n'ayant de sa vie éprouvé la moindre sensation vive (sans quoi elle n'eût jamais voulu entendre parler d'épouser Monsieur son mari), Mme Irnois passait une grande partie du jour à tenir sa fille sur ses genoux, à l'embrasser, à la caresser, à lui dire tous les riens que lui présentait son imagination. Ces riens n'étaient pas jolis, ils n'étaient pas variés, surtout ils n'avaient rien de spirituel. Mme Irnois était aussi complétement nulle que peut l'être une bourgeoise vieille, laide et ignorante ; mais elle faisait de son mieux pour amuser sa chère enfant ; elle sentait son cœur se fondre quand elle la regardait et ne pouvait pas la regarder sans l'embrasser.

Sous ce rapport, sa tendresse ressemblait beaucoup à celle de Mlles Maigrelut, tantes maternelles d'Emmelina, seulement un peu plus jaseuses que leur sœur mariée. Mlles Maigrelut étaient tout ce qu'on peut désirer de plus parfait comme types de vieilles filles. On les eût lâchées l'une et l'autre au milieu d'une ville de province, qu'elles eussent développé avec une puissance inouïe une méchanceté de tigre et de vipère. Mais leur séjour constant au sein de la solitude, dans une claustration presque absolue, avait mâté ces natures dangereuses, et toute leur ardeur s'était tournée en dévouement servile et convaincu pour Emmelina.

Ainsi aimée, ainsi adorée et servie, Mlle Irnois atteignit sa dix-septième année ; c'est le moment où commence l'anecdote que j'ai à raconter.

Elle avait donc ce bel âge de jeunesse qui est comme la porte dorée de la vie. Il est temps de dire ce qu'elle était et de la montrer entourée de sa cour, à savoir de son père maigre et jaune, de sa mère grosse et commune, de ses tantes sèches, effilées et bavardes, et de ses servantes qui ne valent pas l'honneur d'une description.

On s'attend sans doute à entendre un récit merveilleux de perfections inouïes, à contempler une jeune fille douée par les fées de tous les charmes de la beauté et de l'esprit... Nous allons voir !

CHAPITRE II

Emmelina, cet ange, cette divinité, cet objet de tant de vœux était, à dix-sept ans, une pauvre créature de la taille d'une fille de dix ans, et qu'un sang mauvais avait privée tout à la fois de croissance, de conformation régulière, de force et de santé. Sans être précisément bossue, elle avait la taille déjetée et, en plus, sa jambe droite était moins grande que sa jambe gauche. Sa poitrine était comme enfoncée, et sa tête, penchée de côté par le vice de sa taille, s'inclinait aussi en avant.

Avait-elle au moins un joli visage pour contrebalancer quelque peu d'aussi grands défauts? Hélas non ! sa bouche n'était pas bien faite ; ses lèvres trop grosses lui donnaient un air boudeur ; sa pâleur maladive ne lui seyait pas bien. Seulement ses grands yeux bleus étaient assez beaux et touchants et sa chevelure, blonde comme celle d'une fée, était incomparable. Aussi dans la maison parlait-on souvent de ses magnifiques cheveux. Les cheveux d'Emmelina étaient le point de comparaison favori auquel on aimait à rapporter ce qu'on voulait louer le plus.

La pauvre fille, ainsi maltraitée par la nature, avait grand peine à marcher et à changer de place ; elle était un peu comme un roseau, toujours pliée et affaissée sur elle-même ; et la vieille Jeanne, sa bonne, qui l'avait portée enfant, la portait encore toute grande demoiselle qu'elle était.

Elle n'aimait pas à marcher, elle y trouvait trop de peine et de fatigue ; puis elle ne s'y était jamais accoutumée ; de telle sorte que lorsqu'il s'agissait de passer d'une chambre dans une autre, on entendait la petite voix douce d'Emmelina :

— " Jeanne ! porte moi ! "

Et Jeanne la portait.

On pourrait croire que se voyant adorée, adulée et obéie, Emmelina était gâtée, très volontaire, capricieuse et toujours en dépense de fantaisies et de volontés. Mais point. Elle passait à peu près tout le jour dans le silence et sans rien faire. Sa mère aurait aimé à la voir s'occuper, mais jamais on n'avait pu obtenir cela d'elle. La broderie, la tapisserie ne la séduisaient pas ; l'éclat des laines et de la soie lui importait peu ; elle n'avait aucun goût de toilette ; elle ne songeait jamais à la parure, et jamais elle ne s'était demandé si sa figure était belle ou laide. Son tempérament était apathique ; jamais elle ne voulait ni ne désirait rien ; elle ne paraissait pas s'ennuyer, mais elle ne s'amusait pas non plus. Une fois, on l'avait conduite à l'Opéra, l'événement avait fait époque dans la maison, M. Irnois, sa femme, ses deux belles-sœurs et Jeanne avaient été très frappés de la magnificence du spectacle ; Emmelina seule n'avait rien témoigné et n'en parla point dans la suite. Véritablement elle avait peu de part à la vie, et, dans ses grands jours d'activité elle prenait un ourlet, toujours le même.

D'éducation intellectuelle, elle n'en avait reçu aucune ; d'ailleurs, personne autour d'elle ne l'avait même jugé nécessaire. Seulement la tante Julie Maigrelut qui, de temps en temps, feuilletait assez volontiers un roman de M. Ducray-Duménil, ou de Mme du Bournon-Malarme, lui avait appris à lire, et elle se servait de cette science pour prendre quelquefois Peau d'Ane ou le Chat Botté dans le volume de Perrault. Elle avait commencé par là avec son institutrice, et elle ne s'était jamais risquée seule à aller plus loin. A dix-sept ans encore, elle prenait Peau d'Ane ou le Chat Botté, et passait toute une journée dans sa compagnie. Elle n'y rencontrait pas grand charme, mais non plus grande fatigue, et il ne lui en fallait pas davantage.

Tous les jours, à huit heures, Jeanne qui couchait dans sa chambre auprès de son lit, s'en approchait pour savoir comment elle avait dormi, demande quotidienne à laquelle Emmelina répondait quotidiennement :

— " Bien, Jeanne. "

Mais son teint plus ou moins pâle, ses yeux plus ou moins battus, étaient les véritables témoins que Jeanne interrogeait. La consultation terminée, Jeanne se rendait tout courant chez M. et Mme Irnois, où elle communiquait ses sentiments, où elle déclarait combien de fois Emmelina avait bu pendant la nuit. Si le bulletin était mauvais, M. Irnois devenait plus loup que de coutume, et sa voix furibonde allait porter la terreur jusqu'au fond de la cuisine. Mlles Maigrelut savaient alors à quoi s'en tenir sur la marche de toute la journée, et venaient par leurs glapissements prendre part à la désolation générale.

Si au contraire les déclarations de Jeanne étaient favorables, si Emmelina n'avait demandé à boire que deux fois, M. Irnois était plus économe de jurons et d'invectives, et chacun se ressentait de cette bénignité.

Alors Jeanne retournait habiller la jeune fille ; ce n'était pas une toilette charmante comme celle des Grâces ; on lui mettait quelque robe de mérinos en hiver ou de toile en été, avec un bonnet qui tenait ses beaux cheveux enfouis, et l'affaire était faite jusqu'au moment de se coucher.

Habillée, Emmelina recevait dans son fauteuil les bonjours et les mamours de toute la famille, et la brusque accolade de son père ; après déjeuner, il était assez dans ses habitudes de dire à sa mère :

— " Maman, je vais m'asseoir sur tes genoux. "

— " Viens mon cher ange ! " répondait Madame Irnois. La pauvre enfant malade se couchait sur le giron de sa mère, et souvent s'y endormait, ou veillait sans rien dire en se laissant couvrir de baisers qu'elle ne rendait pas.

On ne viendra sans doute pas demander maintenant si Emmelina avait de l'esprit. Non, certes ! elle n'en avait pas, la malheureuse fille ! ni rien qui ressemblât à l'agitation de l'intelligence. Qu'est-ce que l'esprit, sinon de savoir deviner et exprimer les rapports réels ou factices qui existent entre les choses ? L'esprit ne saurait se développer au milieu de la solitude, ni avec la compagnie des imbéciles, et il n'était personne, dans la maison de M. Irnois, dont le contact pût permettre à Emmelina d'avoir de l'esprit. Puis, comme on ne lui avait rien appris, elle n'avait nulle matière à exercer son intelligence ; partant sa conversation, si, par hasard, quelqu'un fût venu la solliciter, n'aurait eu rien que de très vulgaire.

Voici donc mon héroïne : Contrefaite, point jolie de visage, sans esprit, et la plupart du temps silencieuse ; maladive, et trouvant son plus grand bien-être à se tenir couchée sur le sein maternel, comme un enfant de quatre ans. Il n'y a rien dans une telle peinture qui séduise beaucoup.

Mais le portrait n'est pas achevé tout à fait, puisqu'il n'a rien été dit de cette disposition rêveuse qui faisait le désespoir de toute la maison Irnois, et qui, non seulement formait le trait principal du caractère d'Emmelina, mais était même tout son caractère.

La pauvre fille, sans avoir ni la conscience ni le regret de ses imperfections physiques, était, comme tous les êtres mal conformés, vouée à une profonde et incurable tristesse, en apparence sans cause, mais que la réaction du physique sur le moral explique trop complètement. De cette tristesse irréfléchie qui ne faisait que jeter un voile sombre sur l'existence de Mlle Irnois, il ne s'exhalait jamais aucune plainte.

Mais lorsque dix-sept ans étaient arrivés, et avec cet âge les développements mystérieux de l'être, tout l'essaim de pensées printanières qui, à cette époque de la vie, s'élancent et accourent autour de l'âme, Emmelina jeune fille était devenue plus silencieuse encore qu'Emmelina enfant.

Bien qu'elle ne connût pas le travail intérieur de son

être, qu'elle fût très loin de pouvoir l'analyser, elle en restait malheureuse ; elle aspirait à ce bien inconnu que les dieux de la jeunesse, le blond Vertumne et la fraîche Pomone dispensent en souriant ; mais elle y aspirait avec souffrance, et volontiers aurait éprouvé le désir de mourir, si elle eût su se poser à elle-même une question.

Néanmoins sa tristesse devenait tous les jours plus profonde. Une cause extérieure était venue donner à cette âme déshéritée plus de souffrance avec plus de vie. Tout à l'heure nous en parlerons en détail.

Emmelina avait renoncé à chercher protection sur les genoux maternels ; elle préférait maintenant passer sa journée à une fenêtre de sa chambre qui donnait sur la cour, et ne voulait plus guère aller dans le salon. Par une singularité qui étonnait tout le monde, elle sembla pendant quelque temps avoir plus de force et de santé qu'on ne lui en avait jamais vu.

Ses joues avaient même eu pendant quelque jours une teinte rosée qui avait paru aux yeux charmés de toute la maison réaliser l'idéal des doigts de l'Aurore. Pourtant elle ne voulait plus sortir de sa chambre, et, dans sa chambre, n'aimait que le coin de la fenêtre choisie.

La si douce Emmelina bientôt alla plus loin encore ; chose inouïe ! elle eut une volonté ; elle prétendit rester seule ; elle renvoya mère, bonne, tantes sans pitié, et un jour, qu'inquiète d'innovations si étranges, Mme Irnois essayait quelques observations timides, Emmelina, prodige effrayant ! Emmelina frappa du pied et fondit en larmes.

Toute la famille fut consternée pendant deux jours ; mais M. Irnois défendit de la manière la plus sévère qu'on osât se permettre de contrarier sa fille. L'arrêt était rendu en termes véritablement terribles, mais le juge était redoutable ; et comme personne ne contestait la justice du fait, on se mit à obéir avec une ardeur rare chez ceux qui obéissent. Ainsi Emmelina resta libre de passer de longues journées seule dans sa chambre, assise dans un fauteuil, à l'angle de sa fenêtre, y faisant... personne ne savait quoi.

Cependant elle avait dix-sept ans. M. Irnois s'était marié, si j'ai bonne mémoire vers Juillet ou Août 1794. Ce n'était pas trop une époque convenable pour songer au mariage ni à aucune joie ; mais le brave capitaliste n'avait pas l'âme très sensible aux dangers de la patrie, et il s'était uni sans remords à Melle Maigrelut. A l'époque où je prends mon histoire, on était donc en 1811, et si l'ancien fournisseur vivait très retiré, son existence n'était pas pour cela inconnue. L'éclat de l'or est tout aussi évident que celui du soleil, et un coffre-fort bien rempli ne saurait se dérober à la connaissance, à l'admiration et à la convoitise des citoyens d'un grand Etat. En vain M. Irnois habitait le quartier des Lombards, en vain sa porte, soigneusement fermée aux hommes graves comme aux freluquets, ne s'ouvrait presque pour personne, on savait de point en point combien il y avait d'écus dans la maison numéro tant, on était pleinement édifié sur les habitudes du logis, et l'on avait une parfaite connaissance de l'existence de Melle Irnois, laquelle, en sa qualité

d'unique héritière des gros biens paternels, tenait attachées
au bout de sa ceinture virginale les clefs de la caisse. Or
quel serait l'heureux mortel vainqueur du dragon (le père
Irnois) et possesseur des pommes d'or (la grosse fortune) ?
C'était une question que l'on s'adressait volontiers dans
quelques cercles des plus élevés de ce temps-là.

L'époque actuelle a la réputation mauvaise, on lui
reproche d'aimer l'argent avec excès. Mais pour ne pas
être injuste envers elle, il faut avouer que la passion du
pécule a dévoré bien des hommes avant que notre géné-
ration apparût sur la scène du monde, et que, sous
l'Empire, on pouvait trouver sans peine des personnages
qui, tranchant par leurs convoitises sur les passions
guerrières du temps, s'abandonnaient au goût des capitaux,
avec autant de verve que nos hommes de bourse les plus
acharnés.

Dans ce temps-là, certains grands messieurs, spéculant
sur la gloire nationale, aimaient à mettre la main dans les
caisses de l'étranger. Il y en eut aussi d'autres qui mirent
leurs espérances de fortune dans la conclusion de riches
mariages, ni plus ni moins que les illustres roués de la
Régence, et, par une circonstance toute particulière à cet
âge, ces gens-là surent détourner souvent à leur profit
l'action de la puissance impériale, en faisant intervenir la
volonté du maître dans des unions qui, sans ce secours
quasi divin, n'auraient jamais pu se conclure. Sans doute
je ne prétends pas dire que Napoléon se soit fait de gaîté
de cœur le soutien d'ambitions aussi basses ; mais il
voulait, en principe, que les grandes fortunes revinssent

aux grands emplois, et, comme il arrive frequemment sur cette terre,

> Où les plus belles choses
> Ont le pire destin,

que les plus beaux principes y ont aussi quelquefois des applications fâcheuses, plus d'une avidité subalterne profita des sentiments de l'Empereur, et se faufila, par leur moyen, dans des familles qui ne voulaient pas l'accueillir.

Il y avait en 1811, au Conseil d'Etat, un certain Comte Cabarot dont les services étaient fort appréciés et qui était en effet un homme de mérite. Petit avocat avant la Révolution à je ne sais quelle cour souveraine, il avait sucé avec le lait, dans la famille de basoche dont il était issu, une érudition judiciaire vraiment profonde. Dès son plus bas âge, Cabarot avait entendu parler chicane; les coutumes, la loi romaine, toutes les lois imaginables, lombardes, bourguignonnes, franques, et jusqu'à la loi salique avaient été les constantes occupations données à son cerveau par l'auteur de ses jours. Petite merveille donc, s'il s'était trouvé à trente ans dans le barreau un des hommes les mieux instruits. Envoyé à la Convention, mais orateur peu disert et trembleur parfait, il s'était rejeté dans la pratique silencieuse des affaires. Sous le Directoire, le citoyen Cabarot s'était fait remarquer dans les bureaux des ministères. On l'avait employé avec succès à toutes sortes de besognes; dans ce temps-là les gens de plume devaient être un peu des Michel Morin.

Cabarot avait été ministre plénipotentiaire, puis commissaire de je ne sais quoi, puis chef de division à la

Justice, puis beaucoup d'autres choses. Bref, Bonaparte, le voyant si expert, le prit et le mit dans le
Conseil d'Etat, où sa vaste érudition en matière légale
acheva de le rendre agréable au maître. On l'avait faite
Comte.

Encore une fois, Cabarot était... je veux dire le Comte
Cabarot était un homme érudit et distingué par ses con-
naissances pratiques. Mais il était aussi perdu de mœurs
que savant et habile. Je ne puis, ni n'en ai la moindre
envie, entrer dans les détails de son existence intérieure.
Il me suffira de dire que la société qu'il voyait, réunion de
généraux, d'hommes de son métier, de diplomates, tous
gens peu bégueules, riaient volontiers de ses habitudes, et
que le prince Cambacérès lui accordait une part dans ses
confidences.

Le Comte Cabarot avec tant de mérites et la faveur
de César, n'était pas riche pourtant. Tout au plus
comptait-il trente mille francs de revenu, qui auraient
bien semblé une montagne d'or à son père, le pauvre
homme ! mais qui ne lui suffisaient pas. Ajoutez à ce
chiffre vingt mille francs de dettes par an environ, et vous
conviendrez que ce n'était pas assez.

Le Comte Cabarot, un jour qu'il travaillait avec sa
Majesté Impériale et Royale, osa lui toucher respectueusement quelques mots de sa profonde détresse.

Le souverain des mondes, pour me servir d'une expression orientale, ne répondit à cette plainte touchante
que par des reproches, peut-être mérités, sur les horribles
voleries de M. le Comte.

M. le Comte s'excusa de son mieux et revint à la charge, si bien qu'il lui fut demandé ce qu'il voulait.

— " La main de Melle Irnois mettrait le comble à mes vœux ", répondit le conseiller d'Etat en s'inclinant :

Là-dessus explication sur ce qu'était Melle Irnois ; comme quoi, au physique, elle était probablement peu jolie (il était loin de le savoir au juste !) mais aussi comme quoi, au moral, elle avait quatre ou cinq cent mille livres de rentes, et qu'une telle union comblerait de félicité le plus humble et dévoué sujet de sa Majesté Impériale et Royale, etc, etc.

Par bonheur le comte Cabarot, en homme d'esprit, et parfaitement informé, s'était pressé d'agir. Il savait vaguement que la fille avait dix-sept ans et qu'avec les vertus qu'il se plaisait lui-même a signaler en elle, il ne se pouvait pas qu'avant un mois, l'attention de bien d'autres céladons de son genre ne se fût éveillée aussi. En effet, on y pensait déjà, mais on ne se hâta pas assez : le comte Cabarot fut plus alerte.

La puissance auguste qu'il implorait se montra de son côté bénévole. Cabarot ne quitta le cabinet qu'en emportant un ordre adressé à M. l'aide de camp de service, ou tel autre personnage qui alors transmettait les volontés impériales, de commander à M. Pierre-André Irnois de se présenter à trois jours de là devant son souverain.

Le Comte Cabarot se vit transporté au septième ciel ; jamais il n'avait été aussi heureux depuis le jugement de Tallien qui l'avait regardé de travers.

CHAPITRE III

Le comte Cabarot était un trop fin diplomate pour faire prématurément confidence à ses meilleurs amis de l'espoir charmant qu'il avait conçu. Il gardait au contraire la réserve la plus complète le soir de ce beau jour où l'Empereur lui avait daigné promettre d'intervenir en sa faveur. Mais, malgré cette discrétion, un si complet épanouissement dilatait son laid visage, élargissait sa face plate, que le prince archi-chancelier, non moins que M. d'Aigrefeuille et autres, ne purent s'empêcher d'en faire la remarque. — " Faites-moi le plaisir de me dire ce qui charme si fort Cabarot ce soir ? " se disait-on.

C'était bien simple : le tendre Cabarot pensait à sa prochaine union avec Melle Irnois.

Ici, quelque lecteur s'imaginera peut-être que le comte, n'ayant jamais vu sa belle ni entendu parler de ses infirmités, se préparait à lui-même une douloureuse reculade. On croira peut-être qu'il n'aurait pas voulu d'une jeune femme dans l'état de la pauvre Emmelina : Qu'on se détrompe! Il faut ici connaître le comte Cabarot tout entier. Pour six cent mille livres de rente, et même pour beaucoup moins, il aurait sans hésiter donné sa main à Carabosse avec tous les travers de taille et les monstruosités d'humeur de cette fée célèbre. Le comte Cabarot était un homme positif.

Je dis donc que ce soit-là, dans le salon du Prince Cambacérès, il fut adorable d'esprit et de gaîté. Lorsque, la foule s'étant retirée, il n'y eut plus autour de la cheminée qu'un petit nombre d'intimes, il se mit à raconter une foule d'aventures plus ou moins risquées avec un goût, un tact, un mordant qui lui valurent des applaudissements unanimes. Il était si heureux !

Dans la maison de la rue des Lombards, la sensation ne fut pas absolument la même. Lorsque la missive impériale avait été remise à M. Irnois, M. Irnois avait ressenti une profonde terreur. L'idée de paraître devant son souverain n'avait pas fait naître en lui ce sentiment d'orgueil qui gonfle aujourd'hui la poitrine de tout officier de la garde civique, enlevé pour la première fois au tonneau obscur où croupit son résiné, pour briller, astre nouveau, dans les régions lumineuses d'un bal de la cour.

M. Irnois était comme tous les gens à argent de ce temps-là ; il n'aimait pas le contact du pouvoir ; le mot gouvernement le faisait frissonner. Il ne voyait dans les hommes dépositaires de l'autorité que des ennemis nés de sa caisse, des harpies toujours en quête de spoliations. Il manqua tomber de son haut lorsqu'un gendarme lui remit le hatti-schérif qui le mandait au palais.

Il arriva pâle et la figure renversée dans son salon où bavardaient sa femme et ses belles-sœurs, et bien que ce fût chose assez rare chez lui que de parler de ses affaires ou de demander conseil, il se planta au milieu de l'aréopage féminin, et, tendant sa lettre d'un air désespéré il s'écria :

— " Mille noms d'un diable ! regardez quel pavé me tombe sur la tête ! "

Six yeux s'illuminèrent de curiosité, six bras s'étendirent, six mains, armées en tout de trente doigts crochus, voulurent se saisir de l'épître qui bouleversait à tel point le maître du logis.

Mlle Julie Maigrelut fut la plus agile ; elle s'empara de la lettre et la lut rapidement tout haut, puis elle se laissa tomber dans son fauteuil en s'écriant :

— " Ah mon Dieu ! "

Mlle Catherine Maigrelut saisit au vol le précieux papier tombé des doigts de sa sœur et s'écria de même après l'avoir lu tout haut :

— " Ah mon Dieu ! "

Mme Irnois, ne pouvant croire ce qu'elle avait entendu deux fois déjà, récita ainsi que ses sœurs le contenu de la lettre, et donna comme elles des témoignages évidents de sa désolation profonde.

Les trois femmes pensèrent un instant qu'il ne s'agissait de rien moins que de faire un très mauvais parti à M. Irnois.

L'ancien fournisseur fut cependant plus brave que ses compagnes et les assura que suivant toutes probabilités les choses n'en viendraient pas là. D'ailleurs ce serait par trop inique. Jamais il n'avait mal parlé d'aucun gouvernement, et de celui de l'Empereur moins que de tout autre ; ses contributions avaient toujours été régulièrement payées. Sans doute il y avait eu jadis quelque peu à redire dans la manière dont il avait chaussé les régiments. Mais toutes

ces peccadilles étaient passées depuis longtemps, et d'ailleurs il n'avait jamais été en nom dans les fournitures.

Décidément l'Empereur ne pouvait lui vouloir le
moindre mal. Que lui voulait-il donc ?

Mlle Julie Maigrelut fut la première à ouvrir un avis
important sur cette question nouvelle ; je dis nouvelle
parce que du noir on était passé au rose. Elle insinua
que l'Empereur mandant son frère, son frère innocent
comme un agneau, il fallait absolument que ce fût pour
le récompenser, mais récompenser de quoi ?

— " De son immense fortune, " répondit aussitôt
Mlle Catherine Maigrelut.

— " Elle a raison, " dit Mlle Julie.

— " Elle a cent fois raison, " murmura Mme Irnois.

— " Me récompenser ? s'écria le richard ; de quelle
manière ? On ferait mieux de me laisser tranquille,
ventrebleu !

— " Je ne serais pas étonnée, mon frère, reprit
Mlle Julie, que sa Majesté Impériale voulût vous faire
duc ou maréchal de l'Empire ! Vraiment ! un homme si
riche que vous ! il n'y aurait rien de surprenant !

— " Vous êtes trois sottes ! cria M. Irnois d'une voix
tonnante. Pour devenir maréchal, il faut avoir été soldat;
il me nommera plutôt baron. Enfin n'importe ! Je veux
que la peste m'étouffe si je suis bien amusé d'aller parader
dans ces Tuileries. Comment faudra-t-il m'habiller ?

Ce fut encore une délicate question. On ouvrit et l'on
repoussa beaucoup d'avis ; enfin on se rangea au seul
raisonnable, qui fut d'appeler le tailleur et de le consulter.

On n'avait que trois jours devant soi ; la précipitation ne pouvait être trop grande.

La désolation de M. Irnois fut sans borne, lorsqu'il apprit le soir même qu'à toute force, il lui fallait endosser habit brodé, culotte de casimir, bas de soie blancs, souliers à boucles, chapeau à claque, et se faire friser, et s'embrocher d'une épée, et mettre des gants !

Cependant il se soumit ; et tout en jurant et en se démenant comme une mécanique, il s'abandonna aux soins du malheureux, du trop malheureux artisan chargé de donner des grâces à sa personne.

La maison était sens dessus dessous, et cependant Emmelina ne prenait pas la moindre part aux terribles événements déchaînés autour d'elle. Lorsque la lettre du château avait été montrée par son père à sa mère et à ses tantes, elle était seule dans sa chambre suivant son usage ; le soir elle entendit parler autour d'elle de ce qui allait advenir ; on lui dit même (ce fut Mlle Catherine) :

— Tu ne sais pas Emmelina? Ton père qui va après-demain à la cour... c'est joli, ça, ma petite ! "

Emmelina sourit doucement en regardant qui lui parlait ; mais elle ne répondit, pas, et ne parut même avoir compris que médiocrement ce qui lui avait été dit : Sa mère la contempla avec anxiété, puis leva les yeux au ciel en soupirant profondément. Dans ce moment, Mme Irnois ne fut plus la grosse et sotte bourgeoise que nous connaissons, mais une espèce de Niobé, tant il y avait de vraie et profonde douleur dans ce regard lancé vers les régions où l'on va si souvent en vain demander soulagement.

Emmelina devenait de jour en jour plus absorbée. Elle n'était pas plus triste, mais elle parlait encore moins, et ne s'intéressait plus à rien absolument ; ni le bavardage de ses tantes, ni les caresses de Jeanne, ni Peau d'Ane, ni l'ourlet ne pouvaient plus rien sur elle, les tendresses mêmes de sa mère ne semblaient plus lui tenir à cœur ; autrefois du moins, elle les cherchait, maintenant elle paraissait plutôt les éviter, car elle les recevait avec indifférence ou montrait même en être impatientée. Et cependant, était-elle malheureuse ? Ce n'était pas croyable, car elle avait parfois sur la bouche et dans les yeux comme un fin sourire, comme une flamme subtile qui dénotait un bien-être infini. Quand on la regardait à la dérobée, on la voyait plongée dans une sorte d'extase qui semblait l'enivrer des plus ardentes délices. Elle ressemblait alors à une des saintes du Moyen-Age, et si les gens de son entourage eussent su ce que c'est que l'intelligence, ils en auraient vu la plus sublime expression sur cette figure inspirée.

Il fallait que cette puissance de l'exaltation fût pourtant bien vive, car Jeanne tombait quelquefois dans des contemplations muettes devant sa maîtresse, et restait partagée entre l'admiration et une secrète terreur. Quand elle s'arrachait à cet état si étrange pour elle, elle sortait de la chambre sur le bout du pied, sans faire de bruit et s'en allait dans sa cuisine s'écrier :

— " Jésus ! Jésus ! que Mademoiselle Emmelina ressemble à la Sainte Vierge ! "

La grande crise qui avait lieu autour de la jeune

extatique ne produisit donc aucune impression sur cette
imagination perdue dans une autre sphère, et M. Irnois
dut se passer, dans ses hautes préoccupations, des sollici-
tudes filiales. Du reste, il n'en sentit pas le vide ; il ne
pouvait être exigeant, et il était d'ailleurs si absorbé,
suspendu entre la crainte et l'espérance, écoutant, tour à
tour, les conjectures de son conseil privé et les importantes
communications de son tailleur, qu'il n'avait pas le temps
de chercher à diviser ses pensées entre sa présentation à
l'Empereur et la tranquillité trop complète de sa fille ; il
lui eût été d'ailleurs impossible de rêver à la fois à deux
choses différentes.

Enfin, il arriva le grand jour où, aux yeux émerveillés
de toute la maison, dont les locataires avertis s'étaient
ameutés sur les différents paliers, M. Pierre-André Irnois
franchit le seuil de sa porte en grand costume de cour,
suivi du secrétaire intime qui, laquais ce jour-là, descendait
l'escalier en se laissant glisser le long de la rampe pour
arriver plus vite à la voiture de louage et ouvrir la
portière.

M. Irnois, le riche capitaliste, était d'autant plus laid
et disgracié de la nature en cette circonstance mémorable
que sa toilette était plus somptueuse et étalait davantage
la prétention de faire ressortir des avantages physiques.
Je ne puis m'empêcher de jeter en courant un coup d'œil
détracteur sur ces pauvres bas réduits à envelopper... ce
qu'ils enveloppaient, sur cette pauvre culotte de casimir,
flottant en plis mal gracieux autour de ces cuisses qu'on
devinait décharnées, sur ce maigre corps orné d'un jabot

et d'un habit marron brodé d'argent, sur cette pauvre et déplorable épée !

La voiture roula comme elle put, car elle était fort antique et délabrée, et atteignit les abords du Carrousel. En ce temps-là, on aimait fort le luxe, et le souverain, qui voulait ranimer le commerce, en ordonnait l'étalage. M. Irnois ne fut pas autorisé à faire rouler son équipage sur la noble poussière de la cour impériale ; il mit pied à terre, et, sa lettre d'audience à la main, gagna, non sans quelque risque, à travers les voitures et les chevaux l'escalier d'honneur.

Il y avait grande réception. A côté de l'aide de camp de service qui appelait le nom de tous les présentés, se trouvait un homme d'une quarantaine d'années, assez laid, mais portant physionomie fine, madrée et spirituelle. C'était le comte Cabarot, fort inquiet de l'arrivée de son futur beau-père. L'aide de camp ayant jeté les yeux sur la lettre d'invitation et sur le personnage qui l'avait remise, lança un regard significatif au conseiller d'État. Celui-ci toisa fixement son futur beau-père...

Mais au lieu d'assister ainsi à une réception impériale, ce qui est un bien trop grand honneur pour ce petit récit, mieux vaut nous en retourner dans la sphère plus humble du salon de Mme Irnois.

Là, plus de splendeurs, assez de magnificences, plus de cette pompe un peu théâtrale comme on l'entendait sous l'Empire. Une lampe brûle assez tristement sur un guéridon au milieu de l'appartement. La tante Julie tricote, la tante Catherine tricote, et Mme Irnois tricote aussi. Emmelina est auprès du feu dans son fauteuil, et, les yeux fixés sur les charbons, considère, probablement en y plaçant l'acte qui se joue lentement dans sa tête, le monde igné dont la flamme change à chaque instant les formes.

L'inquiétude est à son comble, tout le monde parle à la fois. Jeanne a servi longtemps de messager entre les terreurs du salon et celles de la cuisine; mais les émotions sont trop vives, la cuisine monte au salon, et à entendre parler roi, empereur, maréchal, baron, duc, prison et mort, on se croirait dans une réunion politique.

Enfin un violent coup de sonnette se fait entendre. Le cri de oh! très prolongé s'échappe de toutes les bouches, la cuisinière court ouvrir. M. Irnois se précipite dans le salon, pâle, non, blême! les yeux flamboyants, et jurant contre toutes les divinités de l'Olympe à part le Styx qu'il ne peut nommer, ne le connaissant pas. Certes, depuis le jour où le bourgeois, le comte, le procureur, la dame philantrophe, ses anciens maîtres, lui donnèrent son congé, il n'avait pas été plus démonstratif dans sa colère et dans son dépit, mais, aux emportements de son langage, se mêlait un sentiment de frayeur qui n'échappa à aucun des témoins de cette scène émouvante.

Enfin, M. Irnois, ayant beaucoup juré, lança son chapeau à claque à la tête du secrétaire intime, s'assit brusquement devant le feu, et, ayant mis à la porte par un dernier éclat de voix, tous les échappés de la cuisine, il commença à satisfaire la curiosité trop surexcitée de sa famille.

“ Au nom de tous les Saints ! s’écriaient les trois femmes, dites-nous ce qui vous est arrivé ! ”

— “ Je suis un homme perdu, ruiné par d’affreux scélérats, s’écria M. Irnois ; voilà ce qui m’est arrivé, mille noms d’un... ! Ah ! mon Dieu ! dans quelle affreuse position je suis ! Vous ne savez pas ce qui se passe ? Eh bien, donc, j’entre dans les Tuileries : une cohue, un bruit, une chaleur dont on ne se fait pas l’idée ! J’étais pressé de voir l’Empereur pour savoir ce qu’il me voulait et m’en retourner. J’arrive dans un dernier salon ; on m’avait ôté ma lettre des mains, je ne sais qui, je ne sais comment : j’étais ahuri ! Un grand homme tout brodé, avec des épaulettes et un grand ruban rouge en travers, me pousse par l’épaule, car, ennuyé de tout ce fracas, je ne bougeais pas plus qu’un terme. Je ne voyais plus rien ! et je me trouve nez à nez avec l’Empereur ! ”

— “ Avec l’Empereur ! ” répéta l’assistance, à l’exception d’Emmelina qui n’écoutait point.

— “ Silence donc ! bavardes infernales que vous êtes ! s’écria M. Irnois, en donnant un grand coup de pied dans les bûches, violence qui fit tressaillir, puis soupirer sa fille. Silence donc ! Oui l’Empereur ! Et il me dit, cet Empereur, en me montrant du doigt un homme placé derrière lui : “ Préparez-vous à marier votre fille à M. le Comte Cabarot ; je le fais ambassadeur! ” Ma foi ! dans le premier moment, sans trop savoir ce que je disais, je m’écriai : “ Donner Emmelina à ce... Je n’allai par plus loin, car l’Empereur me jeta un regard ! Oh ! quel regard ! Il me sembla que la terre s’enfonçait sous moi,

que j'allais être emprisonné, fusillé, égorgé, massacré ! Je
me trouvai près de m'évanouir, et il paraît même que je
m'affaissai, car je fus soutenu dans les bras d'un
misérable!... C'était, le croiriez-vous ? le misérable auquel
l'Empereur veut que je donne Emmelina, qui osait
m'empêcher de tomber ! Je le regardai d'une façon !...
Comme l'Empereur m'avait regardé ; mais cela ne lui
produisit pas le même effet. Au contraire, il me fit une
grimace en façon de sourire, et me dit : " Mon cher
M. Irnois, notre connaissance arrive un peu brusquement,
mais n'en soyez pas moins sûr de mes respects ; nous
avons des amis communs! — Je ne crois pas, lui répondis-
je, avec ce ton que vous me connaissez, je n'ai pas d'amis!"
Il ne fut pas étonné, et il me dit en me saluant : " J'irai
présenter mes hommages respectueux à Mme Irnois
demain, sans faute. — Je serai sorti ! m'écriai-je. —
L'Empereur vous ordonne de rester chez vous, toutes les
fois que je vous en avertirai ", me répliqua-t-il en me
regardant dans les yeux. J'eus peur et je m'en revins.
Concevez-vous une pareille position ?"

— " C'est monstrueux ! " s'écrièrent les femmes.

— " Il vient demain, le monstre ? " demanda Mademoiselle Julie.

— " Demain ! " dit Irnois.

— " Eh bien ? je suis d'avis, poursuivit la vieille fille,
qu'on lui dise son fait en trois mots : " Vous n'aurez pas
Emmelina ! Vous ne l'aurez pas ! ah dame ? "

— " Sotte que vous êtes ! hurla M. Irnois ; il ira
chercher la gendarmerie et je serai traîné en prison ! "

— " Aimez-vous mieux la mort d'Emmelina ? " dit la mère.

— " Non, répondit M. Irnois ; mais quand je serais coffré cela n'empêcherait pas le mariage. "

— " Que faire donc ? " dit Mlle Catherine.

— " Emmelina, dit la mère d'une voix pleine de larmes et en se mettant à genoux devant sa fille, Emmelina, on veut te marier ! Emmelina, on veut t'emmener d'ici, mon cher amour ! réponds-moi, que veux-tu que je fasse ? "

CHAPITRE IV

Tout le monde fut consterné, lorsqu'à la question de sa mère, on vit Emmelina soulever doucement la tête de côté, et dire avec un sourire ineffable de douceur et des regards brillants :

— " Oui, Maman, je veux bien m'en aller. "

— " Comment ! dit M. Irnois, tu veux bien t'en aller ? Qu'est-ce que cela signifie ?... Tu veux nous quitter pour suivre ce Cabarot que tu ne connais pas ? "

— " Si fait bien, répondit la pauvre fille en secouant la tête d'un air joyeux ; si, je le connais !... Je veux m'en aller avec lui. "

Chacun se regarda ; mais plus on faisait d'efforts pour comprendre, moins on y parvenait. Il ne semblait pas possible qu'Emmelina, toujours enfermée dans la maison, ne sortant jamais, eût pu connaître l'époux que la volonté impériale imposait à ses parents.

— " Mais, dit Madame Irnois, où l'as-tu vu ? "

— " Ah ! ah ! répondit Emmelina fixement... et puis elle s'arrêta, réfléchit et reprit : " je ne veux pas le dire. "

— " Ne la contrariez pas, dit la tante Julie ; elle aura sans doute rêvé quelque chose, et demain, vous la verrez plus raisonnable ; car elle est pleine d'esprit, cette petite Emmelina. N'est-ce pas, mon bijou, que tu seras demain plus raisonnable ? "

— " Je veux bien m'en aller avec lui, reprit Emmelina... Quand est-ce que je partirai ? "

— " Ah ! mon Dieu ! dit Mme Irnois, élevez donc les
enfants pour qu'ils soient aussi ingrats ! Cette petite qui
est adorée ici, et qui ne songe qu'à suivre le premier
malotru !... Emmelina, vous nous faites beaucoup de
peine !

Emmelina resta fort insensible à cette plainte ; elle
souriait, elle riait, elle frappait ses mains l'une contre
l'autre ; elle était en proie à une agitation nerveuse telle
que jamais on ne lui en avait vu une pareille. Tout le
monde autour d'elle était confondu.

M. Irnois ne savait que penser, et était tout prêt à
lancer des volcans de jurons. Sans y avoir beaucoup songé,
il se croyait sûr de l'éternel attachement de sa fille ;
il avait construit sur la mauvaise santé de cette enfant
tout un édifice d'espérances que le moment présent faisait
crouler. La garder constamment auprès de lui avait été le
bonheur sur lequel il avait le plus fermement compté.
L'heure présente était bien cruelle.

Il se promenait de long en large dans l'appartement,
mais il ne disait rien, il était trop affecté pour pouvoir
parler.

Les deux tantes et la mère pleuraient à chaudes larmes.
La jeune fille n'y faisait pas la moindre attention.

Ce fut ainsi que la soirée finit dans une consternation
profonde d'un côté, de l'autre dans une joie qui ne cherchait pas à se contenir. Jamais on n'avait entendu chanter
Emmelina. Quand Jeanne vint la prendre dans ses bras

pour l'emmener coucher, on l'entendit gazouiller des notes confuses aussi gaies que l'oiseau puisse en conter aux arbres des bois.

A peine Emmelina sortie, la bombe éclata : M. Irnois tomba dans un accès de colère et de désespoir qu'il ne chercha plus à contenir ; et les femmes, bien que faisant chorus avec lui, ne purent esquiver une bonne partie de ses reproches. Il les accusa d'avoir reçu Cabarot en son absence, d'avoir souffert que Cabarot lui enlevât l'affection de sa fille, d'avoir par sottise féminine monté la tête à une enfant innocente ; il les accusa, bref, de son mieux, et elles se défendirent autant qu'elles purent. Au fond, elles se croyaient ensorcelées, comme aussi leur fille et nièce, car jamais de leur vie elles n'avaient aperçu l'ombre d'un homme qui s'appelât Cabarot, et deux heures auparavant elles auraient encore juré qu'Emmelina ne le connaissait pas plus qu'elles.

Mais, maintenant, elles ne savaient plus à quoi s'arrêter. C'était donc une désolation générale mêlée de curiosité ; car enfin, il devait y avoir un mot à l'énigme, et le temps, certes, le ferait connaître.

Le lendemain, à midi, le secrétaire intime, remplissant les fonctions d'introducteur, annonça dans le salon qu'un Monsieur demandait à voir Mme Irnois.

— " Comment s'appelle-t-il ton Monsieur ? "

— " Il dit qu'il s'appelle le comte Cabarot. "

— " Ah ! grands dieux du Ciel ! " s'écria toute l'assemblée ; M. Irnois faites entrer ce Monsieur. "

M. Irnois alla en rechignant, mais poussé par la sainte

terreur de l'autorité impériale, au devant de son futur gendre ; il le trouva dans l'antichambre, se débarrassant de son carrick.

Le comte Cabarot avait fait une toilette de fiancé, il avait pensé que la parure la plus soignée semblerait à la famille dans laquelle il s'introduisait une preuve d'égards. Comme il les savait fort bourgeois, il avait aussi étalé ses ordres et ses croix sur sa poitrine, dans le but de les éblouir quelque peu.

— " Ma façon de m'introduire auprès de leur fille, s'était-il dit, est un peu vive ; maintenant que nous sommes entré au moyen d'un coup d'éclat, c'est d'une bonne politique que d'atténuer l'effet produit, par des procédés convenables. "

Il mit tout à la fois en œuvre ce système de conduite, aussitôt que la longue figure de M. Irnois se présenta à lui. Le train du corps penché en avant, la tête rejetée en arrière, les yeux, les joues, la bouche tout souriant, les deux mains affectueusement tendues.

— " Eh ! bonjour donc, Monsieur ! s'écria-t-il ; permettez-moi l'indiscrétion de venir vous troubler si vite ! Je n'ai fait que vous entrevoir hier au château, et, je l'avoue, j'avais le désir le plus vif de vous serrer la main ! Voulez-vous bien me conduire auprès de votre charmante famille ? Je brûle de lui être présenté. "

— " Monsieur, dit l'ancien fournisseur, vous pouvez me suivre si vous voulez. Madame Irnois, et vous, Mesdemoiselles Maigrelut, voilà le Comte Cabarot dont l'Empereur m'a parlé. "

Le conseiller d'Etat salua plus bas qu'il n'avait fait pour le maître du logis, et en agitant sa main droite d'une manière tout à fait galante et respectueuse. Quand il releva les yeux, il chercha à deviner laquelle de ces trois personnes était la proie qu'il convoitait ; mais il comprit bientôt que la tante Julie, la plus jeune des trois sœurs, n'avait pas un profil de seize ans. Il se résolut à patienter, puis il engagea l'entretien.

— " Mon Dieu, Mesdames, dit-il d'une voix doucereuse, vous voyez en moi un homme tout rond, tout d'une pièce, qui vous demande la permission d'être à son aise au milieu d'une famille qu'il estime. Sa Majesté l'Empereur, dont la sagesse et la haute bonté égalent la puissance, a daigné penser que je pourrais, par ma position, mon caractère, mes principes, assurer le bonheur de Mademoiselle votre fille, qui, par son esprit et par ses grâces est digne de tout respect. Ne pensez-vous pas que cette auguste approbation, en me comblant de reconnaissance, vous donne en même temps des garanties certaines de ce que je suis ! Non, l'Empereur, notre glorieux maître, ne voudrait pas sacrifier le bonheur d'une personne aussi intéressante que Mlle Irnois. Veuillez me considérer, Madame, comme un fils respectueux et dévoué ; et bien que notre connaissance soit un peu nouvelle, agissez-en avec moi comme vous feriez envers un ancien serviteur.

" Voilà, se dit-il en lui-même, après avoir débité ce discours, qui ne peut manquer de plaire à ces pleutres. Je leur mets la bride sur le cou, nous allons devenir compères et compagnons. "

Quelques seigneurs de la Cour Impériale avaient une très forte tendance à se poser en très véritables magnats devant les autres classes de la nation.

Mme Irnois salua légèrement le comte et lui répondit :

— "Vous êtes bien bon, je ne désirais pas marier ma fille."

— "Ah ! mon Dieu ! pourquoi, chère dame ? Elle a seize ans, elle doit avoir seize ans ; n'est-ce pas l'âge où le cœur commence à...... "

— "Vous ignorez peut-être dans quel état de santé est notre Emmelina ?"

— "J'ai ouï dire, en effet, que vous aviez conçu quelques inquiétudes sur sa poitrine, continua Cabarot de l'air doucereux qui, pensait-il, lui réussissait si bien. Sans doute une croissance hâtive, le développement précoce de l'intelligence... Il ne faut pas trop vous inquiéter, chère et bonne dame ; vous ne devez pas douter du soin avec lequel je soignerai cette belle fleur !"

Toute la famille regardait le comte d'un air effaré. Evidemment il ne connaissait pas Emmelina ; il ne l'avait ni vue, ni entendue, et c'était la vérité : Cabarot avait bien su que, de par le monde, il existait un richard nommé Irnois, et que ce richard avait une fille, mais il s'en était tenu à ce renseignement, et il ne s'était nullement enquis du caractère, de la santé, de la beauté que pouvait avoir la femme dont il convoitait la dot. Mais alors, comment Emmelina pouvait-elle être tombée amoureuse folle d'un homme qui parlait si aveuglément de sa croissance trop hâtive et du développement précoce de son intelligence ?

Voilà ce que M. Irnois et les trois femmes se demandaient avidement des yeux.

— Monsieur, reprit Mme Irnois, vous n'êtes pas, je crois, bien informé de ce qui touche notre pauvre enfant. Elle est contrefaite, je dois vous le dire. "

— " Ah ! Madame, quel blasphème proférez-vous là ? s'écria Cabarot qui vit se peindre dans son imagination le profil d'une bosse. Je suis bien certain que vous exagérez quelque léger défaut tout à fait insignifiant. D'ailleurs, serait-il vrai que Mademoiselle votre fille pût manquer absolument de beauté, que sont les fragiles avantages des charmes physiques dans la vie de ménage ? Ses grâces et son esprit..... "

— " Sans doute, dit M. Irnois, mais elle ne dit jamais mot. "

— " Les vertus dont elle est douée, reprit le Comte avec un redoublement d'enthousiasme, oui, ses vertus, voilà ce qui m'attache à elle ! Croyez-moi, je n'ai jamais ambitionné qu'une épouse vertueuse et sage ! Mais ne pourrais-je voir la belle et touchante Emmelina ? Ne me sera-t-il pas permis de déposer à ses pieds mêmes l'hommage de mon cœur ? Vous comprenez mon impatience et... "

Une crainte subite vint serrer le cœur de Mme Irnois :

— " Je vous avertirai d'une chose, dit-elle.

— " Et de laquelle ? s'écria le comte prêt à souscrire à tout, à ne se laisser arrêter pas aucune difficulté, à accepter toutes les conditions au moins provisoirement.

— " Je vous prie de remarquer que ma fille est une

enfant, et qu'il ne faut pas supposer mal des manières qu'elle pourra avoir avec vous. Elle sera peut-être un peu plus affectueuse qu'il n'est d'usage. "

— "Peste ! songea Cabarot, il paraît que c'est une égrillarde ! On y veillera. "

Il ajouta tout haut :

— " Caractère franc et sans façon : c'est un gage de bonheur à ajouter à tant d'autres. "

— " Je vous avertis, poursuivit Mme Irnois, qu'elle est prévenue en votre faveur, et cela je ne sais comment, car elle ne sort jamais, et je ne sache pas qu'elle vous ait jamais vu. "

— " C'est un effet de la sympathie, s'écria Cabarot en riant ; mais encore, ne pourrais-je la voir ? Nous causerons de tout cela fort à loisir. Je brûle de lui être présenté. "

— " Catherine, dit Mme Irnois, va je te prie dire à Jeanne de l'apporter. "

Ce mot l'*apporter* donna un frisson au comte Cabarot. Il pensa qu'on venait de lui parler de difformité. Il se figura les choses au pire. De quelque philosophie qu'il fût doué, il eut un moment d'hésitation. Il fut sur le point de se poser lui-même son mariage comme une question et d'admettre des causes de rupture ; heureusement cette crise ne dura pas. Il se rappela sur le champ qu'une auguste volonté avait été compromise par lui dans cette affaire, et que reculer s'était en quelque façon faire mépris des bienfaits du maître ; que d'ailleurs il épousait fort peu la fille et beaucoup la dot ; qu'avec une fortune comme celle dont il aurait la jouissance, il aurait la pleine liberté de loger sa femme aussi loin de lui qu'il voudrait, et même de la reléguer à la campagne, si le séjour dans un même hôtel venait à lui déplaire.

Le comte Cabarot avait à peu près terminé les réflexions que l'on vient de voir plus haut, quand la porte s'ouvrit et la tante Catherine reparut.

— "Voici Emmelina", dit-elle en reprenant sa chaise et son tricot.

En effet, derrière elle entra Jeanne, portant la jeune fille dans ses bras. Ce fut une scène singulière.

Au moment où l'on vit la vieille domestique et son vivant fardeau, la pauvre malade parut rouge comme une cerise, les yeux pleins d'une ivresse angélique, belle, très belle ! tant elle avait d'émotion et d'amour répandus sur tous ses traits. Mme Irnois avait bien fait de prévenir le comte, car le premier mot d'Emmelina fut de s'écrier :

— Où est-il ? Où est-il ?

Et elle étendait ses deux bras, et elle se penchait en avant avec une passion indicible.

— " Vrai Dieu ! dit le Comte Cabarot, elle est horrible cette malheureuse éclopée, et furieusement vive ! "

Et comme il avait bien réfléchi ainsi qu'on l'a vu, et qu'il s'était cuirassé contre les dégoûts probables de l'aventure, il se précipita bravement au devant de sa fiancée et voulut lui prendre les mains pour les baiser avec autant de feu qu'il en était capable.

" Mais Emmelina ne le regarda seulement pas, et retirant ses mains comme on fait à un opportun, s'écria :

— " Où est-il donc ? "

— Mais devant toi, dit sa mère ; voilà M. Cabarot avec qui tu veux t'en aller. " Emmelina se jeta en arrière dans les bras de Jeanne, en poussant un cri d'horreur et d'effroi !

— " Je ne le connais pas, dit-elle en pleurant. Ce n'est pas lui ! Jeanne ce n'est pas lui ! "

Elle se mit à sangloter. Son père la prit dans ses bras, elle le repoussa. " Laissez-moi ", dit elle.

On la plaça dans son fauteuil, et elle continua à pleurer sans vouloir lever la tête, ni regarder son fiancé, qui maintenait toujours avec soin sur ses lèvres son sourire courtois et soumis.

Au fond du cœur, le Comte Cabarot était impatienté outre mesure.

— " Quoi ! pensait-il, ce n'est pas assez d'avoir une femme bâtie comme celle que voilà ? il faut, qu'outre toutes ses difformités, je lui découvre encore une affection pour quelque fat ! J'aurai bien à faire avec cette petite personne si je veux lui redresser l'entendement. Mais patience ! J'en viendrai à bout. "

Le salon de Mme Irnois était cependant une vraie tour de Babel ; on ne savait plus qu'y devenir. Après quelques sanglots, après s'être tordu les mains, Emmelina, le visage noyé de larmes abondantes, était devenue pâle, pâle comme la mort, ses yeux s'étaient subitement ternis, elle était tombée à la renverse dans le fauteuil et s'était évanouie.

— " Voilà ma fille qui se meurt ! " s'écria Mme Irnois.

— " Mille tonnerres ! " hurla le fournisseur. Les deux tantes imitèrent les parents en accourant avec précipitation autour de la malade. Cabarot ne fut pas moins leste. Cette scène douloureuse rentrait pour lui dans les choses prévues. Il ne s'était pas attendu à en être quitte à moins, car il avait trop d'esprit pour supposer que l'affaire de son mariage, déterminée si brusquement par une volonté d'en haut, se pourrait conclure sans quelque récri du côté de l'indépendance violentée.

Il offrit gracieusement son flacon pour faire revenir à elle son adorable Emmelina, comme il lui plut de s'exprimer. Mais le flacon n'y faisait rien : Emmelina restait sans connaissance.

—" Mon Dieu ! dit Mme Irnois en levant les épaules et en regardant Cabarot en face ; tout ce monde qui est là autour d'elle lui fait plus de mal que du bien."

Cabarot ne crut pas devoir jouer la sourde oreille ; il pensa en avoir assez fait pour un premier jour.

—" Ah ! Madame, s'écria-t-il d'un ton soumis, que je suis malheureux de ne pouvoir encore revendiquer un droit à prodiguer ici mes soins. Mais je comprends du moins vos inquiétudes maternelles, et je me retire, Adieu, Madame ; adieu, Mesdemoiselles, à demain. Recevez mes profonds respects."

Il saisit la main de Mme Irnois et la baisa avec effusion ; il fit la même faveur aux mains sèches et tannées des deux vieilles filles ; il glissa un napoléon dans les doigts de Jeanne. Puis, se retournant, il prit M. Irnois par le bras et l'entraîna avec lui vers la porte... Bien lui prit de le tenir ferme, car s'il n'eût dépendu que de sa volonté, le futur beau-père n'aurait pas suivi son futur gendre.

— " Que me voulez-vous ? dit M. Irnois, arrivé dans l'antichambre à la remorque, ne voyez-vous pas qu'il faut soigner ma fille ? "

M. Cabarot prit un ton mitoyen entre la débonnaireté et la raideur impérieuse.

— " Mon cher Monsieur, j'ai vu Mademoiselle votre fille, et elle me convient sous tous les rapports. J'obéirai très aisément à l'Empereur. A quand fixons-nous la signature du contrat ? "

— " Diable ! vous allez vite ! "

— " C'est mon usage. Et d'ailleurs l'Empereur le veut "

— " Mais l'Empereur ne sait pas que ma fille est malade ? "

— " Nous la soignerons. Il faut en finir. l'Empereur n'aime pas les résolutions qui traînent. "

— " Mais si Emmelina ne veut pas de vous ? "

— " Ce sont là des caprices de jeunes filles auxquels des hommes sages tels que vous et moi ne doivent pas s'arrêter. Comme père, il doit vous suffire d'avoir une confiance entière dans ma probité. "

— " Mais je ne vous connais pas ! "

— " Et comme sujet, reprit Cabarot d'une voix haute et grave, vous devez obéissance à l'Empereur. "

Irnois sentit passer dans ses membres un frisson d'épouvante. Il se trouva si fort à la discrétion de Cabarot, qu'il fut sur le point de tomber à ses pieds et de lui demander pardon.

— " Eh bien ! à quand le contrat ? reprit l'impassible épouseur ".

— " Quand vous voudrez. "

— " Je vais donc passer sur le champ chez mon notaire et lui donner ordre de s'entendre avec le vôtre. Nous serons aisément d'accord. Vous n'avez pas d'autre héritier que la future comtesse Cabarot ? C'est très bien ! Adieu donc et à demain ! "

— " Je voudrais, s'écria Irnois, quand le conseiller d'Etat ne fut plus à portée de l'entendre, que tous les diables pussent te tordre le cou dans la nuit ! "

CHAPITRE V

La pauvre Emmelina demanda aussitôt après le départ du comte à rentrer dans sa chambre, et toute sa famille était vraiment trop affectée et étonnée pour avoir la force de contrarier, même par une simple observation, les volontés de celle qui produisait sur tous ses entours à peu près l'effet touchant d'une martyre.

L'évanouissement s'était dissipé comme tout se dissipe, mais en laissant à la jeune fille, une torpeur physique et une sorte de désolation dont on pouvait aisément se rendre compte en la regardant. Elle était beaucoup plus pâle que d'ordinaire, et ses yeux avaient perdu l'éclat particulier dont tout le monde avait été si surpris autour d'elle depuis quelque temps.

Evidemment, à l'exaltation avait succédé l'abattement, au délire d'une espérance inconnue, un désespoir dont il était impossible de concevoir la cause. On n'y comprenait rien et, pour tout dire, ce fut presque avec satisfaction que Mme Irnois et ses sœurs virent s'éloigner l'objet de toutes leurs tendresses. Car, en sa présence, on ne pouvait qu'accumuler des questions qui restaient sans réponse ; et, en son absence du moins, on avait toute liberté d'épuiser les différentes séries de commentaires et de suppositions dont les imaginations féminines ne sont jamais privées. C'était peu de chose sans doute pour arriver à la découverte de la vérité ; mais c'était beaucoup pour se consoler d'un mal que l'on croyait irrémédiable, puisqu'on en ignorait la source et qu'on ne prévoyait pas même pouvoir la découvrir.

— " Avec tout autre qu'Emmelina, disait la mère désespérée, il y aurait un moyen quelconque d'obtenir des confidences ; mais cette petite est tellement taciturne que jamais on ne parviendra à la faire parler. Et cependant comment se résoudre à ignorer pourquoi elle était si joyeuse depuis quelque temps, pourquoi l'idée d'épouser le comte a paru d'abord lui faire si grand plaisir, et enfin pourquoi lorsqu'elle a vu ce même prétendu qu'elle attendait avec tant d'impatience, elle est tombée dans un tel chagrin et n'a seulement pas voulu le regarder ? A-t-on jamais imaginé des parents plus malheureux que nous ? Pour moi je ne crois pas qu'il en existe ; et si j'avais jamais pu prévoir que ma propre fille manquerait à ce point de confiance envers moi, j'aurais maudit mille fois déjà le jour où elle est née. "

— " Ne dites pas de sottises ! s'écria Mr Irnois qui rentrait dans la salle à la fin de cette tirade. Cette petite me paraît assez désolée sans qu'il soit besoin de l'accabler d'injures. Je voudrais pour tout au monde n'avoir pas fait fortune et que l'Empereur n'eût jamais entendu parler de moi. Je ne serais pas forcé de donner mes écus à ce Mr Cabarot. "

Tandis que père, mère et tantes se désolent à loisir et se chamaillent entre eux, suivons Emmelina dans sa chambre. A peine y est-elle arrivée, à peine s'est-elle placée dans son fauteuil dans l'angle ordinaire de la fenêtre, qu'elle renvoie Jeanne, et lorsqu'elle se trouve seule, bien seule, elle ouvre les battants de cette croisée que presque toujours on laissait fermée ; ses yeux glissent un regard avide dans l'intervalle, et à mesure qu'elle contemple un point sur lequel semblent fixées toutes les forces de son âme, la rougeur reparaît sur ses joues, le feu, l'animation dans ses prunelles, le sourire sur ses lèvres, l'existence, la vie dans tout son être. La malheureuse fille ne semble plus vivre de sa vie ordinaire. Il semble à la voir qu'elle soit en quelque sorte transfigurée ; c'est bien la même personne si l'on veut, ce n'est plus le même individu ; c'est bien Emmelina, mais ce n'est plus Emmelina boîteuse, bossue, contrefaite, disgraciée de la nature, Emmelina au cerveau faible, ignorante, apathique. Ce n'est plus même un corps si l'on veut bien me permettre de poursuivre aussi loin que possible l'image de ce qu'elle me produit à moi, l'auteur, à moi qui la vois ; elle ressemble à ces Chérubins dont parlent les écrivains mystiques de l'Eglise, qui sont tout amour, toute passion et que, pour cette cause, on ne représente qu'avec une tête entourée d'ailes de flamme.

Telle apparaît Emmelina : c'est un visage de Chérubin enflammé de tendresse. Oui ! de tendresse ! Puisque nous sommes seuls avec elle dans sa chambre, c'est le moment de savoir tout ce qui se passe en elle depuis quelques semaines.

Comme il a été dit au commencement de cette histoire, la maison de Mr Irnois, située dans une des ruelles du quartier des Lombards donnait, quant aux chambres à coucher, sur une cour assez sombre. Cette cour était, comme on le pense bien, carrée et entourée des trois autres côtés de bâtiments fort élevés et percés de fenêtres, comme était aussi la face dans laquelle s'enterrait le logis du modeste millionnaire.

Au cinquième étage, vis à vis les deux fenêtres de la chambre à coucher d'Emmelina, et par conséquent trois étages au-dessus d'elle, était une mansarde de fort méchant aspect, placée juste à la naissance du toit, qui n'était pas faite pour attirer longtemps le regard. Mais à cette triste fenêtre travaillait tout le jour un jeune ouvrier tourneur... On commence, j'imagine, à entrevoir où nous allons en venir. Et, en vérité, ce jeune ouvrier était remarquablement joli ; à peine devait-il avoir dix-huit ans ; des cheveux blonds bouclés naturellement, une physionomie de fillette, et d'autant plus qu'il prenait très bien l'air fort timide et réservé, lorsque par hasard il venait quelqu'un dans sa mansarde pour lui parler, pour lui faire quelque commande par exemple. D'ailleurs le petit ouvrier était joyeux comme un pinson, chantait tout le jour à gorge déployée, et passait même quelques instants, quelques quarts d'heure de sa journée assis sur le rebord de sa fenêtre, à manger son déjeûner ou son dîner, en regardant chez les voisins. C'était moins un garçon qu'un vrai moineau, tant il était haut niché, gai, chantant, agile et remuant.

Voilà la cause des émotions d'Emmelina.

Il s'était passé naturellement bien du temps avant que la fille de Mr Irnois eût levé ses yeux nonchalants jusqu'à la mansarde du cinquième et lorsqu'elle l'avait fait pour la première fois, elle n'avait eu certes aucun pressentiment de ce qui allait advenir à son cœur. Cette pauvre nature stagnante n'avait pas assez de force en elle-même pour rêver ni pour désirer, une passion vive ne pouvait commencer pour elle à l'instant, sur le coup ; les passions de ce genre n'appartiennent qu'aux êtres vivaces, qui sont toujours pressés par instinct de se mettre en action, Emmelina n'était pas, tant s'en fallait, de ces êtres-là.

Mais sur les âmes qui ne sont que faibles et qui ne sont pas gâtées, il est plusieurs choses qui n'emploient jamais vainement leur puissance: la gaîté, la jeunesse et la beauté. Quand Emmelina, dans ses longues heures d'oisiveté, eut contemplé quelquefois son jeune voisin, elle trouva, à ce spectacle d'un être si différent de ce qu'elle était elle-même, une sorte de satisfaction qui, dans cette nature incomplète, se manifesta par un bien-être inanalysé. Du moment qu'elle éprouva quelque plaisir à contempler le voisin, ce lui devint un but, une préoccupation constante, une nouveauté exquise ; car jamais encore elle n'avait joui de ce bien, de s'attacher à quelque chose : sa mère, son père, ses tantes, sa bonne, son ourlet et son *Chat botté*, ne constituaient pas dans son existence des accidents causés par elle-même, et ne lui produisaient pas plus d'impression que l'air qu'elle respirait.

Mais pour sa nouvelle connaissance, ce fut tout différent. Elle l'avait en quelque sorte créée, imaginée elle-même. Personne n'était intervenu dans le plaisir qu'elle se forgeait et elle trouva bientôt une jouissance infiniment délicate, la plus grande qu'elle eût jamais goûtée, à regarder ce petit jeune homme.

Emmelina n'agissait jamais par volonté réfléchie ; toutes ses actions étaient, comme celles des êtres guidés par la raison moins que par l'instinct, des résultats d'une impression embrumée dont jamais elle n'eût su donner la cause ni aux autres ni à elle-même. Aussi ne fut-ce ni par dissimulation, ni par crainte qu'elle s'appliqua dès les premiers moments, à se cacher à tout ce qui l'entourait.

Lorsque Jeanne, ou quelque autre personne était auprès d'elle, elle ne soulevait pas les rideaux ordinairement fermés de sa fenêtre ; et en cela elle poussait la précaution bien loin, car jamais on ne se fut imaginé, même l'eût-on vue tout le jour regardant vers la mansarde, qu'elle attachait l'intérêt le moindre à l'individu du jeune ouvrier.

Eh bien ! c'est pourtant ce qui avait fini par arriver. Le développement physique d'Emmelina avait été précoce plus qu'il ne l'est d'ordinaire dans nos climats : ce fait n'est pas rare chez les personnes que la nature a d'ailleurs maltraitées. Il était difficile qu'un je ne sais quoi plus tendre ne se mêlât pas bientôt à la curiosité qui attirait les regards de Mlle Irnois du côté de la joyeuse mansarde. Avoir les yeux fixés sur cette benoîte croisée lui devint enfin un besoin impérieux, et ce fut alors qu'elle commença à vouloir rester seule dans sa chambre. Aux premiers jours de sa contemplation mystérieuse, elle n'avait voulu confier son plaisir, tout petit qu'il fût, à personne ; aux jours de sa joie, de son ivresse, de son bonheur, le mystère fut commandé plus impérieusement encore par le vœu secret de son âme. Il lui devint si nécessaire, le contraire lui parut si odieux, si mortel pour le sentiment qui l'animait, que son caractère prit une nouvelle allure. Ce fut à ce moment qu'elle eut ces accès de volonté dont chacun s'étonna et qu'elle habitua parents et domestiques à ne pas entrer chez elle avant d'avoir prévenu par un coup frappé à la porte. Alors, avertie, elle se rejetait en arrière dans son fauteuil, poussait sa croisée, et recevait le visiteur bien ou mal, suivant sa disposition du moment, plus souvent mal que bien, car on la troublait ; bref, elle vivait pour la première fois.

Ce grand mystère dont elle entourait sa passion montre bien qu'il y entrait quelque chose des sens. L'âme a sa pudeur sans doute ; mais cette pudeur-là n'est, chez les amoureux, qu'un reflet des flammes qui brûlent ailleurs dans leur être.

Un jour Emmelina reçut une impression bien inattendue et bien singulièrement obscure d'un événement qui paraîtra fort naturel. Il commençait à se faire tard ; c'était vers huit heures du soir en été, et l'on sait qu'à ce moment, bien que la clarté du ciel soit encore assez vive le cristal des airs commence pourtant à se mélanger de quelques teintes plus ternes.

La journée avait été chaude, et tout le jour Emmelina avait vu son tourneur, la figure échauffée par le travail, les cheveux en désordre et sa chemise entr'ouverte, sans cravate, livrant sa blanche poitrine aux souffles d'air qui peuvent s'égarer au-dessus des toits de Paris.

A ce moment, le jeune homme était assis sur le rebord
de sa fenêtre, jambe de ci, jambe de là, occupé à brosser
avec une délicate attention, sa casquette de dimanche.
Tout-à-coup, à un signe de tête, accompagné d'un
sourire, qu'il adressa au fond de sa chambre, Emmelina
put comprendre que quelqu'un entrait, quelqu'un d'ami
en vérité, car l'ouvrier ne se dérangea pas autrement. Au
contraire, il se mit à brosser sa casquette avec plus d'en-
train qu'auparavant, et même, quand la casquette eut
atteint son plus haut degré de lustre, il attira à lui un
habit qui sans doute était posé sur une chaise dans l'intérieur de la chambre, et fit subir à cet ornement futur de
son corps la même opération dont il venait de faire les
frais pour l'ornement de sa tête.

Ces menus détails ne sont rien pour le lecteur, et pas
davantage pour l'auteur de ce récit, on peut le croire !
Mais ils faisaient toute la vie d'Emmelina.

L'ouvrier en était peut-être à son dixième coup de
brosse sur la manche de son habit, et au mouvement de
ses lèvres, on voyait qu'il causait et riait avec la personne
qui était entrée dans la chambre, quand cette personne
apparut à son tour aux yeux d'Emmelina.

C'était une jeune fille assez jolie, une grisette. Elle
était gentiment atournée comme pour une partie de
plaisir. Son bonnet étalait une magnificence luxuriante
de rubans roses dont la teinte assez vive luttait sans dés-
avantage avec la couleur relevée de ses joues. Cette bonne
fille riait du meilleur rire, ce qui peut donner à croire
également que la conversation avec l'ouvrier était fort

plaisante dans le sens que les modernes donnent à ce mot, ou fort plaisante dans la signification plus gracieuse que lui prêtaient nos aïeux.

La grisette tenait à la main un pot de giroflée et le posa en cérémonie sur le bord de la fenêtre. Puis elle rentra dans l'intérieur de la chambre et revint avec un vase plein d'eau dont elle arrosa largement les pétales bruns et jaunes de l'odorante fleurette, tandis que les gouttes tombaient en pluie sur le mur. Et quand c'en fut fini avec les fleurs, l'ouvrier prit la tête de sa jolie connaissance et l'embrassa sur les deux joues sans qu'elle se défendît beaucoup.

Emmelina voyait tout. Elle n'eut pas de jalousie ; non, ce ne fut pas un sentiment jaloux qu'elle éprouva. Son orgueil, sa colère ne s'allumèrent pas contre la grisette ni contre le jeune homme ; elle ne sentit pas de haine ; elle n'eut pas l'amertume cruelle d'un amour qui se croit méconnu ou trahi ; mais une tristesse profonde, mêlée d'un mystérieux redoublement de curiosité, envahit tout son être. Dans ce baiser si joyeusement donné et reçu, il y eut pour elle tout un monde de secrets, dont il fut impossible à son innocence et à son imagination privée d'ailes, hélas ! de découvrir le mot. Le voile qui lui cachait ce qu'elle aurait voulu savoir s'agita, mais ne se déchira pas, et elle pleura longtemps, tout le reste de la soirée, sans savoir pourquoi elle pleurait. Du reste elle avait conçu si peu d'humeur et était même si peu portée de mauvaise volonté contre la grisette qu'en ouvrant sa fenêtre le lendemain, elle désirait vaguement la revoir.

Il y a un conte de La Fontaine dont je suis quasiment fâché d'introduire le titre jovial dans cette pudique et un peu mélancolique histoire ; mais il rend si bien, si justement ce que je veux expliquer, quoique dans un sens différent sans doute, que je n'ai pas le courage de me priver de son secours : "*Comment l'esprit vient aux filles*".

Beaucoup de filles ont l'esprit allègre, avant que l'amour soit accouru pour lui délier les jambes. Emmelina, comme on sait, la pauvre enfant ! n'était pas de ce nombre, et même l'amour ne pouvait pas se vanter de lui donner de l'esprit. Il ne lui apprit ni la ruse ni la réflexion ; mais il lui découvrit, comme nous l'avons vu, le secret d'avoir une volonté, celui de désirer quelque chose, celui de trouver en elle-même un ardent plaisir. Non, ce ne fut pas de l'esprit que l'amour lui donna. Le cadeau de Dieu fut-il meilleur ? fut-il pire ? — Je laisse ce point à décider aux philosophes et aux femmes. — Il lui donna une âme.

Elle n'en avait point auparavant ; ou si l'on veut absolument me contredire, l'âme dont l'avait gratifiée sa nature à sa naissance était si pesante, si engourdie, si bien liée dans les nœuds misérables d'une conformation imparfaite, que c'était tout comme si elle n'eût pas existé. Maintenant qu'Emmelina aimait, cette âme avait reçu le feu de vie, et s'était, non pas dressée debout, car il semblait que dans ce corps tortueux, la voûte fût trop surbaissée pour que l'âme pût s'y développer à son aise, mais elle s'était, en se repliant sur elle-même, donné une énergie et une ardeur tout extatique dont la puissance eût vraiment effrayé tous ceux qui auraient pu la contempler, je veux dire la comprendre.

Emmelina, encore une fois (j'y insiste parce que ce point est essentiel pour que l'histoire de Mlle Irnois soit bien comprise), Emmelina ne cherchait en aucune façon à se rendre compte du comment et du pourquoi de ce qui se passait en elle. Elle ne savait pas même le nom du sentiment qui possédait son être tout entier d'une manière aussi étrange.

Faut-il pousser l'aveu jusqu'à l'extrême. Avant le jour où elle avait pour la première fois contemplé, avec un bonheur vraiment épanoui, le jeune homme à sa fenêtre, elle n'avait eu aucune vie morale, elle était presque idiote ; à dater de ce moment elle était devenue une sorte d'extatique.

Aussi indifférente qu'autrefois au reste des événements de la vie, elle existait dans le coin de passion qui s'était ouvert pour elle ; elle ne souhaitait rien, ne prévoyait rien ; elle aimait comme un chien aime son maître, sans passé, sans avenir, sans exigence, sans gaîté même à vrai dire, car la puissante sensation par laquelle son être était dominé ne saurait avoir pour nom un des mouvements, un des états ordinaires de l'âme. Elle n'était pas heureuse; si je l'ai dit, je me suis trompé; elle était plus qu'heureuse, elle était vivante ! Vivante, oui ! Mais dans son amour seulement, car, de tout autre côté, plus morte que jamais.

Voilà dans quelle situation se trouvait Emmelina le soir où elle accepta avec un bonheur si vif l'idée de quitter sa famille pour suivre le comte Cabarot, singularité qui excita tant de surprise.

CHAPITRE VI

Ainsi possédée par cette passion si fervente et d'un caractère presque mystique, Emmelina, plus que jamais, ignora ce qui se passait autour d'elle ; et à cette remarque faite dans le chapitre précédent, que son intelligence ne s'accrut nullement en raison du progrès de l'exaltation de son âme, je pourrais ajouter qu'elle devint encore plus nulle que par le passé sur tous les points qui tiennent à l'existence ordinaire. Ainsi autrefois, dans son fauteuil, sur le sein de sa mère, dans les bras de Jeanne, elle prenait quelquefois part à la vie de tous ; un incident réussissait à la frapper ; il arrivait (rarement sans doute, mais enfin il arrivait quelquefois) qu'un mot l'attachait, et alors elle souriait, ou donnait une marque quelconque de plaisir. Du moment qu'elle fut amoureuse, cette faible part à l'existence commune lui fut aussi retirée. Elle devint comme les gens dont parle l'Evangile, qui ont des oreilles et des yeux, mais qui ne voient ni n'entendent. M. Irnois et le reste de l'aéropage traitaient cela d'indifférence croissante ; les dignes bourgeois se trompaient : c'était impuissance. L'amour avait fait pour cette nature embrumée tout ce qu'il avait pu ; il s'en était emparé, il l'avait absorbée, il l'avait introduite dans son univers, et l'avait absolument détachée de tout ce qui n'était pas lui.

Pour Emmelina, l'univers entier, c'était l'espace qui s'étendait de son fauteuil à la fenêtre de l'artisan, distance immense, qu'en un élan passionné, son désir franchissait dix fois le jour, mais que sa volonté ne songeait pas, ne pouvait pas songer à détruire par les moyens matériels dont son pauvre esprit ne suffisait pas à lui révéler l'existence.

Quand on lui proposa de quitter la maison paternelle et d'aller vivre ailleurs avec un être différent de tous ceux qui l'entouraient, elle ne fit pas réflexion que cet être pouvait être différent aussi de celui dont elle était possédée. Comment aurait-elle pu imaginer cela ? J'ai dit que c'était son univers ? N'est-il pas évident que la création pour elle ne comptait qu'une seule personne ? Les paroles de sa mère firent éclater dans son âme un cantique de béatitude, de bonheur infini ; elle ne supposa pas même qu'il lui fût possible, matériellement possible de changer d'existence sans commencer une autre vie qui eût pour but unique l'artisan. Lui faire comprendre le contraire, si on l'eût essayé, aurait été à ce moment impossible, oui impossible! Et comment faire concevoir à cette folle qui n'avait qu'un flambeau mystique qu'elle était la fille d'un millionnaire, qu'un conseiller d'Etat recherchait sa main, que le chef d'un grand Empire disposait d'elle pour récompenser des services politiques, et qu'il lui fallait se préparer à devenir une grande dame ?

On aurait pu tenter cette explication, mais elle n'aurait eu d'autre succès que de frapper l'oreille inattentive d'Emmelina par un déluge de paroles aussi peu comprises les unes que les autres. Il ne fallait, pour faire entrer la réalité dans cette tête barricadée, rien moins que le contact du fait lui-même. Il fallait que le comte Cabarot parût en personne. C'est ce qui avait eu lieu.

On a vu ce qui en advint. L'illusion d'Emmelina, brutalement heurtée, rendit, comme un vase d'airain, un son strident et plaintif, dont la vibration était effrayante. Mais enfin ce son, si longtemps qu'il se prolongeât, finit par cesser ; les plaintes, les larmes s'arrêtèrent, l'oubli vint avec la disparition de l'objet qui avait causé la douleur et, obstinément, Emmelina retomba dans son illusion.

Quand elle se retrouva à sa croisée, qu'elle eût tiré le rideau, ouvert le vitrage, et qu'à vingt pas d'elle, l'être aimé, courbé sur son établi, lui apparut, elle perdit la pensée de Cabarot, et du reste aussi complètement que si elle ne l'eût jamais eue. Tout son bonheur lui revint avec les flammes accoutumées ; et, avec le même abandon, la même confiance, la même extase que la veille, elle se laissa aller à cette contemplation qui gonflait de vie sa pauvre poitrine et usait par son ardeur le peu d'existence que le sort avait départi à cette organisation maltraitée.

On est peut-être curieux de savoir si une passion aussi véhémente, aussi belle avait produit quelque effet sur l'être qui en était l'objet. D'ordinaire ce me semble, le lecteur d'une histoire s'intéresse à celui qui a l'initiative en amour, et n'aime pas à le savoir opprimé ni malheureux.

Cette disposition bienveillante n'aura pas ici grande satisfaction. La seule sensation que fit Emmelina sur son voisin fut toujours celle d'une petite personne fort désœuvrée et très curieuse qui, grâce à l'immense fortune de son père, pouvait vivre dans la fainéantise (je me sers

presque des expressions de l'ouvrier), passait son temps à
voir ce qui se passait chez les voisins. Il s'en expliquait
quelquefois dans ces termes avec sa bonne amie Francine,
la petite lingère au pot de giroflée.

— " A-t-on de la chance, s'écriait-il, de pouvoir employer ainsi toute sa journée les bras croisés, dans un bon
fauteuil, à ne rien faire et à regarder en l'air ! c'est, ma
foi, une profession qui me conviendrait ! "

Francine était femme, et ses idées plus vives arrivèrent
plus près de la vérité.

— " Veux-tu que je te dise ? déclara-t-elle un jour à
son amant, je suis sûre que Mlle Irnois en tient pour tes
beaux yeux ! "

— " Allons donc ! répondit l'ouvrier. Une bossue
comme elle ! et qu'en outre on dit idiote ! Le diable
m'enlève si j'en voudrais avec tous ses écus ! "

Franchement il ne croyait pas à l'amour qu'il inspirait.
M. Irnois était fort connu dans le quartier, et l'ouvrier
nourrissait pour lui ce profond respect que l'argent ne
mérite pas en général, mais obtient le plus souvent, et
sans le demander. Aussi le petit tourneur se fut-il bien
gardé d'offenser un homme aussi respectable et aussi
puissant ; mais il ne fallait pas moins qu'une telle autorité
pour l'empêcher de faire des niches à Emmelina. Quelquefois même, le turbulent garçon secoua le frein de la
crainte jusqu'au point de chanter malicieusement, quand
Emmelina le regardait trop longtemps, quelque chanson
délurée dans le but de la faire retirer de la fenêtre. Mais
à sa grande surprise, ce moyen n'avait jamais réussi.

C'était tout simple ! la jeune fille ne comprenait pas un mot à ces badineries et ne se sentait impressionnée que par le ton joyeux de la romance.

— Ma foi ! disait le tourneur, elle est tout de même assez effrontée, Mlle Irnois ; je lui chante des drôleries à faire dresser les cheveux sur la tête, et elle ne sourcille pas ! "

— " Gamin ! s'écriait Francine, est-ce que tu ne rougis pas de débaucher les jeunesses ? Je te dis que la pauvre bossue perd la tête pour toi ".

Francine n'aimait pas Emmelina. Ainsi les amours de notre héroïne n'étaient pas de celles qu'on peut nommer fortunées, il s'en fallait bien.

Quelques jours avant le mariage du comte Cabarot, de grands événements arrivèrent toutefois pour cet amour ; c'était bien peu de chose, mais l'importance des faits est toute relative. Racontons les comme ils se sont passés et sans rhétorique.

La cuisinière eut le malheur de casser une chaise dans son antre. Mr Irnois, au fond de son cœur, ne détestait pas ces incidents domestiques qui donnaient lieu à son éloquence de s'exercer pleinement. Chaque matin, en robe de chambre, il faisait la visite du maître par toute la maison, et lorsqu'il remarquait un détail défectueux, tel qu'une serviette hors de sa place, une bouteille débouchée, une bûche mal placée, il commençait un discours ab irato qui portait la terreur dans l'âme des coupables.

Pour éviter d'être foudroyée par une de ces pièces oratoires, la cuisinière ayant cassé sa chaise, prit conseil du secrétaire intime et de sa fidèle compagne Jeanne, puis elle monta en hâte trois étages et alla conter son méfait à l'ouvrier tourneur. Celui-ci s'empressa de mettre à la disposition de la belle désolée, son talent, ses outils et son bois, et il entra ainsi dans l'appartement de Mr Irnois, où il n'avait jamais mis le pied.

Le hasard voulut qu'au moment où Emmelina traversant l'appartement, non pas portée, mais appuyée sur Jeanne, essayait dans son domaine une de ces promenades qu'elle ne consentait plus à faire que lorsque le tourneur n'était pas à sa fenêtre, et qu'elle l'avait attendu longtemps en vain, elle se trouva face à face avec le jeune homme.

Le coup fut électrique. En le voyant à quelques pas devant elle, Emmelina éprouva une sensation comparable à celle de ces gens à qui l'on met une vive lumière devant les yeux. Elle poussa un cri et rejeta sa tête en arrière. Dans ce mouvement brusque, son bonnet mal attaché tomba, son peigne se défit, ses beaux cheveux blonds se déroulèrent en boucles innombrables sur les épaules. Soudain on vit aussi s'animer ses grands yeux et je ne crains pas de dire qu'avec toutes les imperfections de sa personne, elle eut à ce moment une exquise beauté.

Oui ! exquise, c'est le mot qui convient. Il ne pouvait être question pour la pauvre enfant d'un de ces triomphes de grâces réelles qui l'eussent fait admettre par le berger troyen à lutter sur le mont Ida avec les trois déesses. Mais si, douée de l'expression sublime qu'elle eut à ce moment, elle eût été, sur le bord d'une fontaine, rencon-

trée par quelque voyageur allemand, celui-ci l'aurait prise
pour une de ces séduisantes ondines dont les charmes sur-
naturels passaient avec raison pour irrésistibles.

A cette apparition singulière, le jeune homme s'effraya
presque. Il ôta respectueusement son bonnet, hésita une
minute, regarda Emmelina croyant qu'elle allait dire
quelque chose ; mais elle ne dit rien. Elle se contentait
de le regarder avec l'expression la plus poignante que l'on
puisse se figurer. Elle restait la tête rejetée en arrière, les
yeux fixés sur lui, se tenant au bras de Jeanne qu'elle
serrait avec force et ne trouvant pas un seul mot à arti-
culer. Ce qu'elle éprouvait n'était pas à la vérité facile à
dire. Des personnes plus habiles que la jeune fille à reconnaître leurs sentiments, à démêler leurs impressions n'en
seraient certainement pas venues à bout, si elles se fussent
trouvées sous le poids de la passion véhémente qui domi-
nait à cette heure Emmelina. Elle était plongée dans une
situation analogue à celle des extatiques qui, par la force
de la prière, se sont élevés au-dessus du sol.

L'ouvrier, voyant que M{::}^{lle} Irnois ne lui parlait pas, se
dit en lui-même : — " En voilà une folle ! "

Il gagna la porte, l'ouvrit, passa, la referma et descen-
dit l'escalier pour gagner l'autre corps de logis où était sa
chambre.

Emmelina se mit à pleurer.

— " Qu'as-tu, ma petite ? demanda la vieille Jeanne.
Pourquoi pleures-tu, mon enfant ? pourquoi regardais-tu
ce garçon comme tu as fait ? Est-ce qu'il te donnait
peur ? "

— " Oh ! non ! dit Emmelina en cachant son front dans les bras de sa fidèle servante.

— " S'il ne te faisait pas peur, pourquoi t'es-tu détournée ? Tu voudrais peut-être que je le rappelasse ?

Emmelina attacha ses beaux yeux sur la vieille femme et lui dit d'une voix profonde et tremblante d'émotion : — " Oui, rappelle-le ! "

Jeanne ne comprit pas à coup sûr le sentiment qui faisait parler la jeune malade.

Elle courut vers l'escalier et appela l'artisan. Celui-ci s'empressa de remonter.

— " Mademoiselle veut vous voir, lui dit la vieille femme. Tiens, mon Emmelina, le voilà revenu ce petit jeune homme. Veux-tu lui parler ? Qu'est-ce que tu as à lui dire ? Veux-tu que je lui parle pour toi ?

— " Oui, dit Emmelina.

— " Que faut-il lui dire ?

C'était une scène enfantine. Dans l'esprit de la vieille domestique et dans celui du tourneur, il ne s'agissait que de distraire puérilement une enfant malade, mais que ces apparences étaient vaines et insolemment fausses !

Tandis que Jeanne s'épuisait en propositions et en observations niaises, Emmelina se livrait tout entière à la contemplation passionnée de ce qu'elle aimait. Son âme était absorbée par le bonheur étrange de l'amour qui vit pour lui-même. Combien cet amour-là peut-il durer chez les êtres ordinaires ? Peu de temps sans doute, si même il existe jamais ; mais ce n'est pas d'une telle question qu'il s'agit ici. Pour Emmelina, c'était le bonheur complet, l'extase entière.

Elle n'avait ni écouté, ni entendu la série de questions que Jeanne avait adressées en son nom : partant elle n'y répondit rien. Ce que voyant, sa domestique se mit à causer pour son propre compte avec le tourneur.

Jeanne questionna le jeune ouvrier sur son âge, sur son état, sur sa situation. Emmelina faisait grande attention aux réponses. Elle sourit d'une façon tout émue, quand le petit voisin se plaignit de la dureté du temps et de la peine qu'il avait à gagner sa vie, et qu'il ajouta :

— " Ma foi ! il y a des moments où l'on me donnerait un peu plus d'argent que je n'en gagne, que je serais fort content !

Emmelina prit la parole et dit à Jeanne : " Allons dans ma chambre ".

— Oui, ma petite... Eh bien ! adieu mon garçon, à revoir !

— " Non ! " dit Emmelina.

— " Tu veux qu'il vienne dans ta chambre avec nous ? "

— " Oui, " dit Emmelina.

— " Allons, jeune homme, venez !... Mademoiselle a aujourd'hui de singulières idées.

Quand le trio fut arrivé dans le sanctuaire :

— " C'est ici que je demeure, dit Mlle Irnois en regardant l'ouvrier avec une tendresse indicible.

— Ah ! oui, Mademoiselle ! répondit celui-ci.

Au fond ce qu'on lui disait lui était parfaitement indif-

férent, et il ne comprenait pas pourquoi la fille du millionnaire l'avait fait entrer.

Tout ce qu'il croyait deviner, c'est que cette petite
personne, fort désœuvrée et dont il croyait déjà connaître
l'esprit curieux, cherchait à distraire son oisiveté en le
retenant.

Pendant qu'au lieu de regarder la chambre, comme
l'observation d'Emmelina semblait l'y engager, il se
livrait à ces réflexions peu flatteuses pour celle qui en
était l'objet, Emmelina s'était approchée de son secrétaire,
avait pris une petite boîte qui était dedans et en avait tiré
une vingtaine de Napoléons.

— " Donne-lui cela ", dit-elle à Jeanne.

— " Voilà bien un miracle ! s'écria celle-ci... Prenez,
mon cher ami, vous êtes la première personne à qui
Mademoiselle ait donné, car elle ne pense d'ordinaire à
âme qui vive !... Ne soyez pas honteux, allez ! Elle
pourrait vous en jeter dans la poche cent fois plus sans se
faire tort. Elle ne connaît pas sa fortune, ni son père non
plus ne la connaît pas le pauvre homme ! "

L'ouvrier se perdit en expressions de reconnaissance.
Emmelina s'assit dans son fauteuil, et la tête appuyée sur
sa main, elle parut se perdre dans la plus délicieuse des
rêveries.

Elle ne regardait pas le jeune homme ; elle vivait tout
en elle.

— " Mademoiselle va s'endormir, dit Jeanne tout
bas ; allez-vous en ! "

Quand Emmelina releva la tête et ne le trouva plus,

elle se mit à pleurer, mais ce fut sans amertume ; son cœur était comme fatigué par l'excès du bonheur. Elle pleurait sans doute de cette séparation subite ; mais comme elle venait de goûter la plus grande joie qu'elle eût connue de sa vie, elle n'était pas accessible encore à une véritable douleur. Ses larmes coulaient sur ses joues, comme il arrive quelquefois, après un rêve délicieux dont on regrette le prestige tout en goûtant encore quelque volupté secrète dans l'examen de cette joie évanouie.

— " C'est bien étonnant ! c'est bien étonnant ! murmurait la vieille Jeanne assise à ses pieds ; je ne l'ai jamais vue ainsi. "

Au bout d'une demi-heure, Emmelina pencha sa tête dans son fauteuil et s'endormit réellement. Elle respirait doucement comme un enfant de six ans aurait pu le faire, et la plus exquise sérénité se peignait sur son front lisse, uni et légèrement coloré.

Puis un bruit la réveilla.

On apportait de la part de M. le Comte Cabarot une riche corbeille de mariage, rapidement improvisée. Mme Irnois la porta elle-même à sa fille ; mais Emmelina ne la regarda point, sourit en tournant la tête de l'autre côté dans son fauteuil, et fit effort pour se rendormir. Est-ce qu'elle poursuivait un rêve, ou qu'elle se reposait de son bonheur ? Je ne sais.

CHAPITRE VII

Comme on voit, le cher Comte n'avait pas perdu de temps. Après sa visite essentielle à son notaire, n'ayant plus qu'à disposer de ses moments jusqu'au dîner, il avait visité les marchands. Il s'était fait un point d'honneur de réussir vite, en semant l'or à profusion, à composer une corbeille d'un goût bon et magnifique. M. Cabarot aimait à courir les magasins ; il avait la prétention d'exceller dans le choix des ajustements féminins, et visait à la réputation d'oracle de l'élégance et du bon goût.

M. Cabarot fit merveille dans les boutiques : châles, dentelles, belles étoffes, tissus précieux, bijoux et diamants, il alla tout voir ; il choisit avec réflexion, mais aussi avec promptitude, et, comme on voit, en peu d'heures, il pouvait envoyer à Mlle Irnois le somptueux résultat de ses galants efforts.

On a vu à quel point ce cadeau avait été apprécié.

La lettre qui l'accompagnait ne fit pas plus d'effet. Elle était cependant conçue dans les termes les mieux faits pour attendrir le cœur d'une cruelle et faire ressortir la réputation d'homme d'esprit que possédait le Comte. Mais dans la maison, on avait trop de préventions contre lui pour être fort sensible à ses démonstrations passionnées, et la lettre, après avoir passé dans les mains et sous les yeux des trois vieilles dames, fut jetée sur une table, sans qu'on jugeât à propos de tourmenter Emmelina en la lui faisant lire.

— " Puisqu'il faut qu'elle se marie, la malheureuse ! dit Mme Irnois, laissons-lui au moins les derniers moments de sa liberté. Je n'ai pas grande idée de ce M. Cabarot ou plutôt, j'ai l'idée qu'il n'est pas fort honnête homme. Malheureuse enfant ! à quoi sert à M. Irnois tout l'argent qu'il a amassé ? Si j'avais su que cet argent dût me préparer tant de malheurs, je n'en aurais jamais été si fière !... "

M. Irnois était rentré avant l'arrivée de la corbeille. Il avait raconté avec douleur le résultat négatif de sa démarche auprès de Cabarot ; et, comme tous les gens dont l'esprit n'est pas très actif et dont la nature physique est grossière, il avait à peu près pris son parti du chagrin qui lui arrivait. Il aimait certainement beaucoup sa fille, mais cet amour ne pouvait cependant le transformer, et une des qualités les plus admirables en lui, un des ressorts de sa fortune avait été la facilité avec laquelle il avait plié le cou sous tous les échecs. Lorsqu'il était envahi par quelque infortune irréparable, jamais il ne se gendarmait, ne se passionnait, ne se révoltait. Il baissait la tête en laissant le flot passer. Voyant que l'empereur voulait que le comte Cabarot épousât sa fille, il s'était représenté la grande puissance de l'empereur et avait cédé. Plus tard, il lui était venu l'idée que moyennant finances, le fiancé pourrait lâcher la main de sa fille ; il avait fait une tentative de ce côté-là ; la tentative n'avait pas réussi, il se résignait ; ses murmures, ses jurons ne pouvaient rien concre cette vérité ; il avait beau crier, il était désormais hors d'état de résister et la pauvre Emmelina était perdue.

Pour Cabarot, il avait bien de l'esprit, de cet esprit sarcastique, incrédule, mauvais, déshonnête, qui est souvent le partage des gens vieillis dans les affaires ; il devait enthousiasmer de vieux diplomates, de vieux hommes d'état mais il était horriblement laid et ne pouvait raisonnablement produire une impression satisfaisante sur une jeune fille, à plus forte raison sur Emmelina dont le cœur était préoccupé comme on l'a vu.

Le lendemain du jour qui était un dimanche où Emmelina vit l'ouvrier dans sa chambre, les bans furent publiés à la mairie. Ils furent proclamés aussi à l'église. Tout Paris sut désormais officiellement que le Comte Cabarot allait épouser Mlle Irnois. Le chiffre de la fortune apportée en dot par la fiancée, les espérances surtout se trouvèrent plus formidables qu'on ne l'aurait cru. Mr Irnois était immensément riche. — " Comment se peut-il, se disaient les rivaux dépités, que ce polisson de millionnaire ait su se cacher si bien dans son trou, et que Cabarot ait été le premier à le déterrer ? "

Outre le bonheur d'épouser Mlle Irnois, le comte eut celui de voir doubler sa réputation de fin diplomate, tant cette négociation entreprise par lui dans son intérêt particulier lui fit honneur sous le rapport de la discrétion avec laquelle elle avait été conduite, des augustes moyens qu'il avait su employer, et, finalement, de l'éclatant succès qu'il avait remporté. On en parla dans ce sens en bon lieu, et plus que jamais l'ambassade qui lui était promise lui fut assurée.

Il allait tous les jours faire sa cour à sa future. Je l'ai déjà dit, il détestait les moyens violents et tout ce qui y ressemblait. Avec ses intimes, il ne se cachait plus de l'impression que lui produisait tout ce qu'il voyait chez sa belle-mère. Mais il faisait tout comme s'il eût été transporté d'aise, une fois qu'il se trouvait dans la maison de sa future.

Un soir surtout il en causa à cœur ouvert. C'était en petit comité, chez M^r le baron R... Il était deux heures du matin ; on avait joué un jeu d'enfer, et, après souper, cette fine fleur des gens d'esprit de l'époque se délassait en faisant un doigt de conversation.

— " D'honneur ! s'écria un des convives, je ne conçois pas votre conduite, mon cher Cabarot. Car d'aller épouser la fille d'Irnois, étant ce qu'elle est, c'est déjà bien fou ! J'ai pris des informations en tapinois, et la pauvrette, m'a-t-on dit, serait plutôt bonne à mener à l'hôpital qu'à l'autel ! Mais, outre que vous l'épousez, vous y allez tous les jours ! C'est d'une patience dont je ne vous aurais jamais cru capable. "

Cabarot enfonça ses mains dans ses poches jusqu'aux coudes, et prenant un de ces airs que l'on appelle moitié figue moitié raisin, il se laissa aller à quelques menus propos qui ressemblaient assez à des confidences.

— " Eh ! dit-il, je mérite les compliments ! Il est certain que je ne manque pas de longanimité, et qu'il y a bien des moments où je suis tenté d'envoyer au diable ma future famille. "

— " Ils ne sont pas aimables, hein ? dit le maître de la maison en riant.

— " Comme vous le dites mon cher, reprit Cabarot ; je viens d'y faire une séance de deux heures, et j'ai failli me jurer à moi-même que la première de mes actions en sortant de l'église serait de me brouiller avec mon beau-père. "

— " Et la seconde ? demanda quelqu'un.

— " D'en faire autant avec ma belle-mère. "

— " La troisième probablement de leur renvoyer votre femme ", s'écria un autre interlocuteur.

— " Ne devançons pas l'avenir ! poursuivit Cabarot ; l'impatience m'emportait ; mais me voyez-vous pendant deux heures, assis dans un fauteuil à peu près comme je suis là, ayant devant moi la fille qui pleure, à ma droite deux tantes qui gémissent ; à ma gauche la mère qui fond en larmes ; derrière mon dos le père qui se promène en maugréant ? Et pendant deux heures je suis là, le sourire sur les lèvres, blâmant doucement cette sensibilité exagérée, faisant des mamours de tous les côtés, et feignant de pleurer de compagnie quand je n'ai pas sur les lèvres un sourire de bénignité. "

— " Je m'étonne de votre mansuétude, dit le baron R..., car puisque vous épousez décidément vous n'avez pas besoin de vous torturer à plaisir en voyant ces gens-là tous les jours. "

— " Eh ! dit Cabarot, ma mansuétude m'a déjà servi à quelque chose. "

— " A quoi, bon Dieu ! "

— " A m'obtenir la confiance de la petite. "

— " On dit qu'elle ne parle jamais ".

— " De fait, elle n'est pas bavarde et je ne me plaindrai pas d'elle sous ce rapport. Mais elle articule quelquefois de petites phrases, et la preuve, c'est qu'elle m'a honoré d'un colloque. Vous voulez savoir ce qu'elle m'a dit ? "

— " Volontiers ! " dit le baron.

— " Ce matin, comme j'écoutais toutes les lamentations, voilà ma petite personne qui tout à coup sèche ses larmes et se met à me regarder fixement. Je n'ai, je vous l'avoue, jamais eu de fatuité. A vingt ans j'étais laid et le savais ; jugez si à quarante cinq j'ai des prétentions à me mettre à côté d'Adonis ! Cependant j'ai eu quelquefois en ma vie occasion de reconnaître que la beauté ne fait pas la séduction, ou du moins que la séduction s'en passe aisément. Sans donc être trop effrayé de cet examen, je m'empressai de donner à ma physionomie cette expression entrante qui attire tout d'abord la confiance. "

— " Oui ! dit en riant un des écouteurs et que vous aviez le jour où Tallien sembla témoigner l'envie de vous faire décréter d'accusation.

— " N'insistons pas sur le passé ! Bref, la petite n'imita pas le tribun, et avec une candeur toute virginale, elle me tendit la main. "

— " Peste ! dit le baron ; elle vous tendit la main ?'

— " Oui, et s'écria... "

— " Voyons ce qu'elle s'écria. "

— " Elle s'écria : donnez-moi de l'argent pour lui ! "

— Pour lui ? " dis-je un peu étonné.

“ On m’expliqua alors qu’il y avait dans la maison une
espèce de petit ouvrier qui avait fait entendre à Mlle Irnois ces plaintes banales sur sa situation, que font toujours
ces gens-là, et que depuis ce moment elle allait deman-
dant partout, à père, mère, et comme vous voyez au
futur, les moyens de satisfaire à sa charité un peu mal
dirigée. ”

Je m’empressai de profiter de cette circonstance inattendue pour faire ma cour. J’affirmai à Mlle Irnois que
non seulement je lui donnerais tout l’argent qu’elle
pourrait désirer pour son favori ; mais que j’irais moi-
même m’informer de la situation de ce jeune homme.
Comme je vis qu’elle m’écoutait avec attention, je crus
utile de pousser jusqu’au dithyrambe. “ Quoi de plus
intéressant, m’écriai-je, pour une âme sensible, que la vue
de la jeunesse luttant courageusement contre le malheur ? Est-il rien de plus admirable qu’un pauvre garçon
gai, content au milieu de l’infortune. Ah ! s’il est un
Dieu qui protège l’innocence, ce Dieu sans doute n’a pas
de plus grandes délices que... je vous avoue que je m’en-
tortillai un peu dans mes phrases ; mais je ne le regrettai
pas tant ma belle semblait mettre d’attention à m’écouter. Je poussai presque jusqu’à l’extravagance et pour
couronner l’œuvre j’offris d’aller m’informer sur l’heure
même de la situation du malheureux. Un empressement
marqué accueillit ma proposition, et je m’élançai vers la
mansarde. ”

Je ne trouvai point, comme je m’y attendais quelque
marouffle mourant de faim, mais un petit gaillard frétil-

lant, qui me fit l'effet d'un véritable héros de guin-
guette. "

— " Oh ! Mon pauvre Cabarot ! s'écria le baron en
éclatant de rire, est-ce que ?....

— " Ce fut précisément l'idée qui me vint, reprit le
comte. Je me dis comme vous : est-ce que ?.... Et je fis
causer l'ouvrier ; il me rassura quant au passé et ne me
laissa pas sans inquiétude sur les dispositions de ma future.
Quand je dis sans inquiétude, c'est une façon de parler,
car je vous assure, et vous me croirez, que l'amour fidèle
de Mme la comtesse Cabarot serait pour moi un bien
grandement inutile. "

" Mais il paraît que la petite personne a les passions
vives et que j'aurai aussi mille raisons pour la tenir en
chartre privée, ou pour la mettre à l'écart, comme il me
conviendra mieux. "

" Vous voyez donc que je n'ai pas tort de faire l'em-
pressé, puisque je dois à cette façon d'agir de précieuses
notions sur le caractère de ma prétendue. "

On rit beaucoup de l'avenir conjugal qui paraissait
réservé à Cabarot ; le pauvre Cabarot ! On fit succéder
aux observations particulières sur le cas présent des observations générales sur les femmes qui, dirent ces messieurs,
avaient toutes, spirituelles ou sottes, malades ou valides,
un fond natif de perversité contre lequel l'éducation
luttait en vain. Les habitants de ce salon avaient peu
d'estime pour la belle moitié du genre humain.

L'époque du mariage avançait rapidement. Emmelina
ne s'en occupait point. Elle avait même pris un certain

goût pour Cabarot, depuis la visite du conseiller d'Etat chez le jeune tourneur ; Mr Irnois en avait tiré la conséquence que sa fille n'était pas fâchée de se marier ; et M^{elles} Maigrelut abondèrent dans son sens, en déclarant qu'après tout il n'était pas désagréable de devenir comtesse et grande dame. Mme Irnois seule, a demi-éclairée par un instinct qui fait le mérite et la gloire de la sarigue, concevait des doutes et même des inquiétudes graves. Emmelina, encore une fois, ne s'occupait de rien, et passait toute sa journée à sa fenêtre, occupée à regarder l'artisan.

Voici la fin de l'histoire qui approche ; je voudrais lui enlever toutes les apparences du mélodrame. Le mélodrame n'est pas vrai, la vérité seule est triste.

Le matin du jour marqué pour le mariage, Cabarot arriva de très bonne heure avec ses témoins. Mr Irnois avait convoqué les siens, deux hommes de son espèce. On se réunit dans le salon ; grâce au Comte, il régnait une espèce de gaîté. D'ailleurs, M^{elles} Maigrelut avaient fini par le trouver aimable, pour des pastilles qu'il leur avait quelquefois apportées.

On habilla la mariée en blanc, avec une couronne et un bouquet de fleurs d'oranger, comme c'est l'usage. Elle s'impatienta beaucoup, parce que tous ces dérangements inaccoutumés l'empêchèrent de se mettre à sa fenêtre. Quand il fallut sortir, elle éprouva un grand déplaisir, et lorsque Mr Cabarot s'avança au devant d'elle en grand costume, et lui prit la main, qu'elle vit des visages inconnus et une sorte de solennité répandue partout, elle parut réfléchir et comprendre qu'il se passait quelque chose qui méritait son attention.

A la mairie, elle devina, à ce qu'il paraît ce qu'on lui disait et toute la portée des paroles, car elle devint blanche comme sa robe. Quand le magistrat lui demanda le oui sacramentel, elle avait la tête baissée et ne répondit rien ; mais on n'y prit pas garde et la cérémonie s'acheva.

A l'église, on la soutenait pour la faire marcher, le comte était fort gai et poli. Il avait désormais toute assurance de n'avoir pas perdu sa peine ; et il fut jugé galant homme par les promesses qu'il fit à Mme Irnois de considérer comme il fallait l'état de souffrance de sa fille.

Le moment de la séparation fut assez pénible. Comme je l'ai dit, Emmelina comprenait ce qui avait lieu et en ressentait profondément l'ébranlement, mais elle ne dit rien. On lui trouva beaucoup de fièvre et Mr Cabarot fit promptement venir un médecin. L'homme de l'art se montra surpris qu'on eût marié une fille ainsi conformée et qu'on eût choisi surtout un moment où elle était visiblement en proie à une réelle souffrance.

On coucha la mariée, et une garde-malade s'installa à côté d'elle.

Le lendemain, en se réveillant à demi de la torpeur dans laquelle elle avait été comme ensevelie, Emmelina appela Jeanne. Ce fut une figure inconnue qui se présenta. Ainsi tout était chagrin pour une âme qui n'avait pas besoin d'être violemment secouée pour être anéantie.

Emmelina voulut se lever. On se récriait. Elle insista en pleurant. Enfin l'on céda, et, à demi-habillée, elle se traîna jusqu'à la fenêtre et leva le rideau. On devine ce qu'elle allait chercher.

Au lieu de voir la mansarde et l'ouvrier, elle aperçut le jardin de son hôtel.

Elle se laissa aller dans les bras de la femme qui la soutenait et perdit toute connaissance. On cria, on appela, on porta la comtesse sur son lit. Le médecin accourut et secoua la tête.

Ce qui se passait depuis la veille ne créait pas une maladie mortelle, mais développait rapidement toutes les causes de dissolution déposées par une constitution viciée dans ce pauvre être.

Au milieu de la journée, le comte Cabarot vint demander des nouvelles de sa femme. Il renvoya les gens de service, s'établit près de son lit ; puis au bout d'une demi-heure il rappela les domestiques et s'en alla.

Le médecin avait eu raison de secouer la tête. La comtesse traîna encore huit jours. Tous les matins, elle faisait ouvrir sa fenêtre, pour voir si elle apercevait la mansarde ; puis, trompée, elle soupirait.

Elle ne fit pas une plainte et ne prononça pas un seul mot qui pût donner à connaître ce qui se passait en elle.

Le huitième jour elle mourut.

Le comte Cabarot lui fit des obsèques magnifiques. Il héritait de tout ce qu'elle avait apporté en dot. Par suite de sa prudence et de ses bons procédés, il obtint de Mr Irnois la confirmation des dispositions dernières qu'avant de mourir, Emmelina avait signées en sa faveur.

La mère, les tantes, le père tombèrent dans un chagrin

qu'on ne saurait exprimer ; mais chacun autour d'eux les trouvait plus à féliciter qu'à plaindre.

— " Ce n'était vraiment pas une femme, " disaient les voisins en levant les épaules.

Les voisins avaient raison ; mademoiselle Irnois était une âme. Sa vie n'avait pas été pareille à l'existence ordinaire des enfants des hommes. Si, par un hasard difficile, j'en conviens, elle eût pu rencontrer ce que réclamait son organisation, un amour angélique comme le sien, elle eût peut-être atteint à une intensité de bonheur que pourront comprendre ceux qui savent à quel point de perfection arrivent les facultés laissées aux gens mutilés.

Les aveugles entendent mieux que personne ; les sourds voient plus loin.

Emmelina n'avait que le pouvoir d'aimer, et elle aima bien !

FIN.

ACHEVÉ D'IMPRIMER LE VINGT-NEUF
MAI MIL NEUF CENT VINGT PAR L'IM-
PRIMERIE SAINTE CATHERINE,
QUAI ST. PIERRE, BRUGES, BELGIQUE.